JN156720

仮想通貨 金融革命の未来透視図

Future of Cryptocurrency

ブロックチェーンが世界経済に大転換を引き起こす

吉田繁治

ビジネス社

はじめに

2020年以降、仮想通貨は爆発的に広がるか

お金が、抽象的なものであることは明らかである。お金とは商品やサービスと交換され、渡されるあらゆるものである。お金自身は、消費されない。お金は、商品やサービスを買う力の、一時的な住まいにすぎない。

（ミルトン・フリードマン著『貨幣の悪戯』）

仮想通貨が将来どうなるか書いてもらえませんかと、ビジネス社の唐津隆さんから依頼を受けたのは、昨年の8月でした。ジェームズ・リカーズに触発され、しかし別の角度から数値実証的に書いた前著『米国が仕掛けるドルの終わり』が全国の書店にならんだころです。当時は、多くの人と同じように深くは考えず、投機的な金融商品で終わるものかもしれないという感想でした。

原因の1つは、無自覚のうちに「仮想通貨＝値上がったビットコイン（BTC）」としか考

えていなかったからです。情報をあつめて観察し、構想がある程度できて書き始めたのは、11月の末でした。ＢＴＣは年初の10万円付近から86万円に上がっていて、直後の17年12月17日には２２２万円という最高価格をつけていました。今は、半分の１１０万円です（18年2月24日）。

実はこの原稿はその後3回、白紙にもどして書き換え、修正しています。特に昨年の12月から価格は大きく波動し、仮想通貨をめぐる状況と各国政府の規制も変わってきたからです。ビットコインについての記述はすぐにできましたが、草創期のグラスコインを含むと１４５０種の仮想通貨の全体と将来変化、それにまだない政府系コインの近い将来を、根拠をもって見通すのは難しかったからです。

最初、ビットコインを誰が、どのグループが、どんな戦略的なねらいで開発したのかを調べました。「ＢＴＣ：PtoP（ピアトゥピア）の電子貨幣の仕組み」という9ページに圧縮した論文がサトシ・ナカモトの名前で発表されたのは２００８年です。読んだ人は少ないでしょうが、ＢＴＣの開発目的は、コストが高く時間もかかる銀行ネットの送金システムよりもずっとセキュアな送金の仕組みを、低いコストで提供することだと書かれています。

翌年には、ビットコインがインターネット上に現れ、少数のグループに無料で配布されています。中央集権型の「クライアント〜サーバー方式」とは違うPeer to Peerは、ノード（結節点のサーバー）によるインターネット上の対等な通信方式です。「PtoP（ピアトゥピア）の電子貨幣」は、インターネット上に存在する多数の対等なサーバー（発掘者：マイナーと言う）が、相互に真正のものと認証する仕組みという意味のものです。

日本語では仮想通貨とされるため「実際のマネーではない仮の通貨」というイメージがありますが、仮想のもとの言葉であるVirtualは、逆に「実質的」という意味です。バーチャル・カレンシーは「実質的に貨幣の機能を果たす通貨」です。記憶する機能のハードディスクを、データを動的に処理できるメモリとして使うときの仮想（バーチャル）メモリと同じ意味です。

ナカモト論文の冒頭には、以下のように書かれています。「純粋なピア・トゥ・ピアの電子貨幣は、支払者から受け手に、オンラインで金融機関を経ることなく支払うことができる。公開鍵と秘密鍵によるデジタル署名は、その部分的な手段にはなるが、それだけでは二重払いを完全に防ぐことはできない。したがって、ブロックチェーンとしてピア・トゥ・ピアでの相互認証の方式を提案する……」。内容は素晴らしい。今も公開されているので、ダウンロードができます（https://bitcoin.org/bitcoin.pdf）。

このナカモト論文すべての内容をたった1人の人間で書けるものかと疑いました。調べると、中本哲史氏はカリフォルニアに住む実在の人ですが、ペンタゴン（米国国防総省）の約40人の、何かの秘密プロジェクトに研究員として従事していたことがわかりました。これは夫人が答えています。軍が資金を出すプロジェクトですから、インタビューを受けていた中本氏も開発に携わっていたとは言わないのでしょう。You Tubeで「自分は無関係」とマイクをさえぎって逃げる姿を見ましたが、今は削除されています。論文を書いたのはプロジェクトの別の人かもしれません。中本哲史氏は実在しても関係はなく、プロジェクト名がサトシ・ナカモトとされただけだとも言われます。従事していたとしても軍の秘密プロジェクトの研究者は、他のことでも内容の公開を禁じられます。それ以上のことは今も不明です。この種の論文は消されるかもしれないので、印刷して手もとに置いています。

ビットコインは開発者の素性が不明であっても、ハッキングを受ける可能性がほとんどない暗号通貨（Crypto Currency）が自由な市場でどう受けいれられるかを検証するために、国防に当たるペンタゴンで実験的に開発されたものかもしれません。ペンタゴンとCIAのプロジェクトには、金融とデジタル通信技術の超専門家もまじっているからです。

預金を電子化している世界の銀行と、国際的な送金システムであるSWIFT（国際送金手順）が、たびたびハッキングの攻撃をうけていることはごく一部のメディアしか報じませんが、公然の秘密です。セキュリティに脆弱さがある日本の銀行へのハッキングは多いといわれます。世界でも30か国で100以上の銀行が被害にあっているという。銀行は、信用にかかわるので発表しません。被害は、確認されたものだけでも360億円とセキュリティソフト会社のカスペルスキーが述べています（2015年）。現在はもっと多いでしょう。バングラデッシュ中央銀行は、16年3月に国際銀行間の標準的な通信であるSWIFTで海外に送金した88億円（8000万ドル）を盗まれています。このケースではハッカーのスペルミスが発見されて途中でわかりましたが、そのままだったら全部で1113億円の被害になっただろうと報じられています（ロイター：16年3月14日）。これはバングラデッシュが国家の危機に陥る金額です。SWIFTでの他の被害は、その後も続いているという。中国の銀行システムも被害にあっています。

ペンタゴンが開発したものなら、それを言えば米国の信用が背景にあることになり、仮想通貨の実験にはならない。確証はありません。しかしインターネットと同じように、ビットコインに人びとが認めた価値は開発者にはかかわりがないので、わからなくても構わないのです。

人工的なものはすべて、誰かが発明したものです。国家ですら自然発生ではなく、人間が作ったものです。通貨はもちろん人工です。きれいに磨かれ、保存性があって偽造のできない古代中国の貝殻通貨（タカラガイ）も、最初は1人が使い始めて、社会が受けいれていったものです。貝殻通貨を数える単位は、現代のインターネットのピア・トゥ・ピアのように、対等の仲間を意味する「朋（ほう）」でした。村落共同体の仲間同士が、マネーと認めたのです。貝殻のお金の、村での相互認証は、使われた電子信号を正しいものと保証するブロックチェーンと同じです。貝がつく漢字は財、貨、貸、資、販、贈のようにすべてお金に関係するものを表しています。お金は、社会のみんながそれで商品やサービスを買うことができると信じて、ニセモノが作れないものなら、フリードマンが言うようにその素材は何であってもいいのです。

１９９０年代からの世界の経済と社会を変え、ＡＩと重なって、これからも一層大きく変えていくインターネットも、核戦争を前提にした通信技術だった、パケット（分割したデータ単位）による分散通信のアーパネット（ＡＲＰＡＮＥＴ）をもとに、１９８２年からＴＣＰ／ＩＰ（インターネットの通信規約）の手順として世界が追随するように、デ・ファクト方式で標準化されたものです。どこかの回線がミサイル攻撃で切れても、蜘蛛（くも）の巣（Web）のようにつながっている回線を通って送信されるのが、ＴＣＰ／ＩＰです。開発者は米国ペンタゴンの国家プロジェクトであり、匿名（とくめい）です。

インターネットは、ノード（通信回線の結節点）にあるサーバーによる、対等な機能をもつピア・トゥ・ピアの分散通信です。電子信号を暗号にすると、仮想通貨の認証方式とそっくり同じになります。事実の確証ではなく状況証拠からは、ビットコインは米国防総省のプロジェクトで開発されたことが推測されます。ただしTCP／IPが開発者の米軍のものではないように、仮想通貨も米国の独占ではなく、世界のわれわれのものです。ペンタゴンの開発であっても、デ・ファクトにしたインターネットで行わなかったように、あとで知的財産権を主張することはないでしょう。

まだ公開されてはいませんが、世界の主な政府も仮想通貨の研究を行い、発行を企図しています。大国で先頭に立っているのはロシアと中国です。特にロシアでプーチン大統領がクルトルーブル（暗号通貨のルーブル）の発行を命じているのです。09年ころから世界の主要な中央銀行も、仮想通貨のブロックチェーン（書き換えが不可能な取引履歴）の研究をしています。ブロックチェーンは、通貨のみではなく、計算速度の高速化を原因に増加しているハッキング（パスワードを破った不正侵入）からのセキュリティが必要な、金融と会計全般のフィンテック（金融情報のブロックチェーン化）の技術になっていくでしょう。

今、ハッキング対策は国家の存立にもかかわる重要な防衛技術になっています。政府と軍事の文書もブロックチェーンにすれば、ハッキングされないものになります。会計の簿記、証券、国債、社債、債券、紙幣は全部が文書(ドキュメント)です。金貨は貴金属でしたが、紙幣は中央銀行が発行した文書です。紙幣だからといって、書かれた情報内容が特別のものではない。購買力を表す数字が書かれた抽象的なものです。

調べていく過程で、仮想通貨(Crypto Currency)の利用は一層広がることを確信しました。加速がつくのは、2020年か21年ころでしょうか。既存のビットコイン、イーサリアム、リップルが今後大きく値上がりするというのではない。政府系、タックス・ヘイブン(合法的な租税回避地)系、銀行系、財団系、個人グループ系の多種の仮想通貨が店頭に並ぶ商品のように競合し、個人の判断で選択され、有効なものが残っていくからです。

しかし国内での通貨の競合と、個人による選択ができることは、われわれには馴染(なじ)みのないものです。19世紀からの西側世界と日本では、王制や封建制から近代化した国民国家の政府が自身で、または中央銀行に委託して法定通貨を発行しています。われわれはそれを使う義務があるとされてきたからです。日本の店舗も、円での支払いを拒むことはできない。税の支払いも、外貨や商品では行えません。資本主義の国では店頭の商品は自由に選べても、「通貨選択の自由」はなく、国民の側にも通貨は商品のように選べるものだという考えはなかったのです。

わが国では、資本の国際的移動が完全に自由化されたのは1992年以降です。資本とは、マネーのことです。それまでは外貨の売買にも制限がありました。今は自由に、いつでも、いくらでも外貨を買うことができます。円にとっての仮想通貨は、価格が変動する外貨のようなものになります。しかもその外貨は国内の店舗、株式市場、債券市場、銀行で使えると同時に、世界でも使えるものになるのです。どこの国への送金も、スマホのメールのように行うことができます。

政府系のコインは、既存の通貨と交換率を固定するでしょう。他方、民間が発行するICO型コインは価格を決める中央集権的な機関はなく、市場の売買で決まります。ICO型の仮想通貨の価格変動は、貯蓄するとき、そして使うときの障害になるという意見もあります。しかし受けとった直後（ビットコインでは10分後）に、世界中の取引所で自国通貨に交換する仕組みによって変動リスクはなくすことができるのです。

個人がいろいろな通貨を、自由意思で選択できる近未来の社会も本書で描いています。今、仮想通貨を買っておくべきかという読者の質問に対しては、本書に示した、確率的な最適分散投資の方法で買うことが将来のためと答えます。

1995年に、幸運にも旧通産省の公募予算をもらうことができ、ある組織の、アマゾンをまねた仮想店の開発プロジェクトに従事しながらも、自分では実行しなかったことの後悔が、本書を書く動機にもなっています。

有料版の『ビジネス知識源プレミアム』を、毎週水曜日いろいろなテーマで20ページくらいを書いて発行しています（月額６４８円）。仮想通貨についても5回、時事的に解説してきたことが、基礎的なアイデアになりました。18年2月末で９２８号です。以下のサイトです。あわせて購読いただければ幸甚に存じます。

https://mypage.mag2.com/Welcome.do

仕事場にて　吉田繁治

mail：yoshida@cool-knowledge.com

仮想通貨の未来を想定しながら

第1章

通貨革命の前奏曲が鳴り響く

第2章 ブロックチェーンによる通貨・金融・会計の革命

第3章 仮想通貨はセキュリティから見ると理解できる

第4章

仮想通貨の課題（Tasc）と問題（Problem）への考察

第1章

通貨革命の前奏曲が鳴り響く

(1)バルト海のエストニア

西はバルト海、北はフィンランドの湾に面し、ロシア帝国、ソ連そしてドイツに占領されていたバルト3国があります。われわれには馴染みが薄いリトアニア、ラトビア、エストニアです。1991年8月に独立し、同年の12月にロシアを含む15か国に分裂した旧ソビエト連邦の崩壊の引き金を引いています。

エストニアは独立後の2011年に、自国通貨だったクローンを廃止し、ユーロに加盟しました。国土は九州の1・2倍、タリンを首都とし、人口は134万人です（図1）。経済規模であるGDPは約3兆円で、世界191か国のうち102位です。1人当たり国民所得では223万円。これは台湾並みで、ギリシャを上回っています（日本は420万円）。人口では札幌市を、3兆円のGDP（商品生産額）では秋田県や山梨県をイメージするといいでしょう。

報道の自由度ではいつも10位以内です。占領された時代が長かったため、国家からの個人の自由を重んじます。米国、欧州からのソフト開発会社の進出が多い。**電子化**が進み、**電子政府**にもなっています。選挙もインターネットで行われ、議員も法案の投票日以外は議会に

図1. 世界最初に、政府が仮想通貨の IPOを計画しているエストニア（2018年）

図のコインはイメージ、実際は電子信号でありコインの形はない。

首都：タリン

行かず、ノートブックで仕事をしています。公共料金は電子マネーで払う。政府が先頭にたって「**デジタル国家**」を目指しています。

海外から設立した会社に対しては、所得に**法人税がかからないタックス・ヘイブン**（合法的な租税回避地）です。世界中からインターネットで、1日で法人設立ができます。旅行者なら、パスポートを見せ100ユーロの手数料を払うと**電子居住権**（E-Residency）を得てIDカードをもらうことができます（18年3月現在）。銀行口座も開くことができます。私はまだもっていませんが、yoshida@estonia.ee（仮）のようなメールアドレスが**外国人のIDであり、住所**です。

インターネット上に住所をもつと、商取引や預金ができるのが電子居住権です。海外在住の仮想住民は、課税の対象になりません。ただし、選挙権のような市民権はない。欧州の企業が課税を逃れる目的でエストニアに多くの会社を作り、電子居住権を得ています。会社も3時間で設立できます。

このエストニアは2018年中に、世界で最初に政府が仮想通貨を発行する計画をもっています。政府発行の仮想通貨がどういったものになるか、経済と金融にどんな影響が生じるかを考察するため、エストニアを**仮想的なモデル**として見ていきます。

仮想通貨では**2018年から政府通貨が発行される第2幕**を迎えます。発表されている国だけでも、**スウェーデンとウルグアイ**が仮想通貨を発行します。**ロシア**でも、仮想通貨であるクリプトルーブル（暗号通貨のルーブル）の発行案が議会に提出されています（18年1月28日）。独裁的なプーチン大統領が必要性を表明したからです。17年9月から国内の**仮想通貨の取引所とマイニング**（仮想通貨の新規発掘）**を禁じている中国**でも、時期は明らかではないものの、仮想通貨発行への意思は公式に表明されています。「**ブロックチェーン**」（所有者の移転履歴の記録）が堅固なセキュリティ（偽造の不可能性）として有効と認められたからです。通貨以外にも**金融**（ファイナンス）**との電子化である**フィンテック（Fintech）でも、ブロックチェーンを使います。

エストニアの仮想通貨は、ユーロを発行しているECB（欧州中央銀行）からの政治的な圧力により、発行の延期、停止あるいは使用が限定されることも考えられます。その理由としては、ECBも仮想通貨の発行を企図しているからでしょう。

以降では、二重かぎ括弧（かっこ）で囲んだ『エストニア』を、世界で100か所のタックス・ヘイブンが**ICO（初期コイン提供・後述）で仮想通貨を発行したときの仮想モデル**として書きます。

実際のエストニアではECBの圧力により、

①株式の公開のようなICOは行わないこと、

②ユーロにリンクした外貨のような『エストコイン』にすること、

③エストニア内に使用を限定したものにすることも想定できるからです。

発行したときから多くの国で使える国際通貨（貿易に使える通貨）になる仮想通貨を、国内に限定するのは矛盾ですが、システムでの制限をかけることはできます。

ICOつまりInitial Coin Offering（初期コイン提供）とは、株式公開のように発行した仮想通貨（コイン）をユーザーが取引所で現金または既存の仮想通貨を払って買うものです。買いが増えると価格が上がります。売りが増えれば下がります。

【通貨の発行利益がはいるICO】

エストニアの電子担当相カスパー・コージュスは、17年12月19日に仮想通貨の発行を表明しました。目的は、電子コミュニティになっている国家の活性化、政府が関与して電子通貨の安全性を高めることと書かれています。『**エストコイン**』の価値はユーロに紐付けすると も言っています。紐付けとはあいまいな表現ですが、政府が最低価格を1ユーロと保証するか、リンク制をとってユーロとの変動幅を設定するということでしょう。一方では、価格がビットコインのように変動するICOを計画しているというニュースが流れています。注目されるのは、**世界最初の政府が発行する仮想通貨**だからです。しかもそれが、タックス・ヘイブンの国という要素も加わるからです。

本書が読まれるころには、発行の内容が決まっているでしょう。

ＩＣＯは、２０１６年と17年の中国で１００件くらいも行われています。「発行したばかりだから安いが、買っておけば儲(もう)かる」と勧誘し、電子マネーの人民元(じんみんげん)を集めて逃げる、根拠のないものが99％でした。このため、中国政府はＩＣＯとビットコインなど既存通貨のマイニング(仮想通貨の発掘)も禁止しました。ＩＣＯでは価格が上がると、**発行者と初期所有者に大きな発行益(シニョレッジ)**がはいります。１億枚の通貨が発行され２年後に50万円に上がれば、総時価は50兆円です。**政府が政府通貨**を発行したときのように、マネーという商品を作った発行者に発行益がはいるのがＩＣＯです。

法と主権をもつ国家が、ＩＣＯを銀行や財団をバックアップして行うとなれば、仮想通貨への信用が違ってきます。財政破産やハイパーインフレがないときは、国家の信用は企業より高いからです。主権とは、他の国の意思に支配されない権利をもつことです。

国家(State)とは政府です。国と言ったときは、「政府＋自然人が作る世帯＋法人の企業」ですが、国家は政府を指し、法定通貨を発行します。関連していえば、社会は、共通の文化と価値観をもち、秩序を作った集合体です。島国の日本では、国家や社会は自然なものと受けとられがちですが、国家は人工的な制度です。住民の合意があれば、政体(ガバメント)を変えることができます。

人びとの合意があれば、沖縄、九州、北海道は独立国を作ることができるのです。

英国では、以前からスコットランドに独立への気運があります。スペインは、豊かなカタロニア住民の90％が2017年の住民投票で独立に賛成しましたが、住民投票を違法とするスペイン政府と争っています。カタロニアが独立すると、官僚的という批難があるユーロ崩壊への引き金になる可能性もあるのです。法定通貨の発行と国家は一体のものです。

【各国の仮想通貨】

最初の章では**「政府がICOで仮想通貨を発行したとき、その国の金融と経済がどうなるかのモデル的な研究」**を行います。事例がまだない将来のことなので、不明なことは多い。経済的な事象であっても、未来はイマジネーションと論理に頼って想定するしか方法はないでしょう。価格が変動するICOではなく、既存通貨と交換率（レート）を固定するなら、インターネットで即時に送受金できる国際通貨に代わるということから、通貨、金融、経済に波及していく変化にとどまるでしょう。

ICOではない事例としては、同じ2018年に、**スウェーデンが「e-クローナ」という仮想通貨**を発行するかどうかを決定します。これは現在のクローナとの交換レートを、1

対1にしたものでしょう。今日は12・8円です（2018年3月3日）。e-クローナでの海外送金は、①インターネットで世界への送金が簡単になること、②貿易ではドル基軸通貨を使わなくなるという変化でしょう。

ドル基軸通貨（Key Currency）とは、輸入のときドルに換えて払い、受けとった国はドルを売って、自国通貨に戻す仕組みです。インターネットで送金ができる仮想通貨は、AとBを外貨のように取引所で即時に交換できる仕組みをもっています。Aの仮想通貨が新興で弱くても、強いBにそのときのレートで交換できるため、主要な仮想通貨はすべて国際性を獲得します。

仮想通貨は、インターネット上の仮想店が作った瞬間から70億人に開かれるように、世界で使うことのできる国際通貨です。世界的な大手企業、家具のイケアやファストファッションのH&Mの本社があるスウェーデンはユーロに加盟していないので、海外貿易でドルやユーロを使っています。クローナが「e-クローナ」になると、ドルやユーロに換えて送金する手間と必要がなくなるのです。

南米のウルグアイ（人口344万人）でも17年11月から、国民の1万人を対象に**中央銀行が法定の仮想通貨「e-ペソ」を、2000万ペソ（7800万円：レートはペソと固定）発行**し、店舗への支払いや送金の試験運用を始めています。スマホの番号で管理するIBMの技術を使っています。残高を記録する仮想通貨により、南米で多いマネー・ロンダリング（不正な海外送金）を防ぐことが目的という。仮想通貨には、ウォレット（仮想通貨を入れる財布）のアドレス（口座番号）がつくからです。

GDPが日本の2・3倍の1200兆円に成長した中国は、ブロックチェーン（取引のアドレスがつながる台帳）型の仮想通貨を、**他国より早くから研究し実験**しています。20%とも言われる人民元の偽造が多いためでもあります。民間系の仮想通貨を禁じた2017年までは、世界中のビットコイン売買の90%は中国でした。米ドルを貿易で世界一多く使っている国が、人民元をインターネットで送ることができる仮想通貨にした場合、**外貨交換の媒介通貨（Vehicle Currency）になっている米ドル**は、KOパンチの打撃を受けるでしょう。

媒介通貨とは、たとえば日本企業が中国から輸入するとき、

①円をドルに換えて、コルレス銀行（国際送金の仲介銀行）の**国際送信システム**である**SWIFT**（国際銀行間通信手順）で送り、

②ドルを受け取った中国の銀行で人民元に交換するという機能を果たすものです。

1971年に金交換制度を停止したあとも世界からの需要が多く、ドルは媒介通貨としての地位を保ったため、結果として基軸通貨とされているのです。

コルレス銀行は高い送信手数料をとって、国際的な送金の仲介をしている特殊な銀行です。通貨が紙幣だった時代の名残が、国際送金の権益を握っているコルレス銀行です。シティバ

ンク、ＪＰモルガン・チェース、ドイツ銀行、香港上海銀行（ＨＳＢＣ）、三菱東京ＵＦＪ銀行などの国際的な大手銀行がこれに該当します。これらが、ドル基軸を支えている銀行と言っていい。

世界の貿易額は、1年に1800兆円です。貿易通貨の60％に米ドルが使われていると少なく見積もっても、1000兆円を超えるドル需要があります。ユーロは30％くらいです。円は5％以下でしょう。

仮想通貨では、インターネットで瞬間に送るため、数日の時間がかかるコルレス銀行、**SWIFT**、**L/C**（貿易決済の信用状）の必要がなくなり、**ドルへの変換手数料も**要らなくなります。

仮想通貨の激しい価格変動を問題としている人もいますが、受けとった仮想通貨をすぐに自国通貨に変えるアプリを組み込めば、変動リスクはなくなります。輸出額で世界一の中国の**人民銀行が仮想通貨を発行**し、世界との貿易で使われると、米ドルも仮想通貨に向かわざるを得ないでしょう。米国のＦＲＢが仮想通貨を発行すれば、ユーロ、円、英ポンドも仮想通貨の発行に向かうのは必然です。

世界がインターネットで決済できる仮想通貨に向かうときの「**ドル基軸通貨消滅**」のテーマは、世界の通貨史で最大イベントになるので、どうなるかを予想し、第5章で述べます。

２０１５年から16年までは、価格が最初に高くなったビットコインだけが注目されていました。17年秋からの仮想通貨全体の高騰のあと、**18年からは各国の政府系の仮想通貨の時代**に向かってきたのです。**18年からの３年間**は、銀行系と中央銀行系が混じって仮想通貨が世界中に広がっていくでしょう。

仮想通貨では過去の事件とブロックチェーンの技術だけではなく、これから仮想通貨が多く使われたときの通貨、金融、経済、生活を予想することが肝心です。解説書は、世界にあふれています。日本でも１００冊はあるでしょうか。本書は、仮想通貨の１つであるビットコインだけでなく、フィンテック（金融・会計への応用）としてブロックチェーン技術を使うことになる民間系、銀行系、中央銀行系の仮想通貨全体の、今後5年を予想してそのシーンを描くものです。

ビットコインは**未踏の道を拓いたイノベーター**です。ただし支払いの利便性の需要が大きくなることが予想される仮想通貨の全体では、マネーのプールに投げ入れたインク瓶です。１００万円以上に値上りしても、１６５０万枚くらい発行されているビットコインの総時価は、16兆円から18兆円程度にすぎないからです（18年2月時点）。

仮想通貨では、**既存通貨との交換を固定する電子マネーのような政府系のコイン**が発行されることは、ほぼ確定と見ていい。

このため、携帯電話とスマホの普及速度のような広がり方をすると想定しています。NTTドコモが誕生したのは２００８年です。その後10年、スマホを含む携帯電話を所持していない人は、風変わりな人だけでしょう。仮想通貨はスマホにある**ウォレット**（仮想通貨の財布）のアプリにいれて、送金や支払いに使います。

世界の銀行預金は、世界のＧＤＰの１年分超の９０００兆円あります（２０１７年）。

本章で根拠を示して述べますが、**資本の自由化をしている世界の政府は、仮想通貨の使用禁止を発令できません**。マネー・ロンダリング（違法な資金洗浄）は規制しますが、仮想通貨そのものの発行と使用は禁止ができないのです。

人びとが使わなければ、仮想通貨もなくなります。法定通貨でも国民が使わなければ、なくなります。世界の人びとは、クレジットカードや電子マネーの使用を増やしてきたように仮想通貨を使う場面を増やしていくでしょう。**売買で価格が決まるＩＣＯ型の仮想通貨**が高くなるかどうかは、世界のスマホをもつ30億人に対してどのくらいＩＣＯ型コインを使う人が広がるかにかかっています。

確認のために示しますが、仮想通貨には、価格の面で2種類があります。

①民間系のビットコイン、イーサリアム、リップルのように、**ICO型として市場の売買で価格が変動**するもの。ICOとは、株式のように新しいコインを発行するもので、価格は市場の売買で変動します。

②早い国では2018年、19年から発行される**中央銀行が管理する政府系コイン**。これらは電子マネーのように、法定通貨との交換レートが固定されるでしょう。

民間銀行系ですが、18年に三菱UFJが発行を開始予定の「MUFGコイン」、みずほ銀行とゆうちょ銀行が発行するという「Jコイン」も**円と等価**とするものです。

(2)タックス・ヘイブンでは仮想通貨のICOはどうなるか

仮定的な事例の『エストコイン』がICOで発行されるとして、以下を述べます。

ICO型は、ビットコインやイーサリアムのように価格が変動します。初期の所有者になる団体には発行利益、つまりシニョレッジ（原義は領主特権）が生じます。『エストニア』は、タックス・ヘイブン（合法的な租税回避地）です。

海外資本の会社には、利益が出ても所得税がかかりません。推計で4000兆円のマネーを集めている**世界100か所の租税回避地**から、最初にICOで発行するという前例のないケースになります。

タックス・ヘイブンのファンドと銀行にあるお金の、公式な統計はまだありません。IMF（国際通貨基金）は2010年時点で、**小さな島のものだけで18兆ドル（1980兆円）**はあると推定しています。その後、8年間の運用利回りと受託の増加により**2倍の4000兆円**になっているでしょう。運用の金利を含んで1年で穏やかに9％増えても、8年では2倍になるからです。

リーマン危機の翌年の09年のあと、**米国と日本の株価時価総額は3倍**に膨らんでいます。株、債券、国債をもつ世界の8000本のヘッジファンド（元本マネー3・1兆ドル：341兆円）の本拠地も、例外なくタックス・ヘイブンです。4000兆円の金融資産があると推計しても、それより少ないことはない。わが国で最大の民間銀行の三菱UFJグループの総資産が300兆円です。世界のタックス・ヘイブンには、三菱UFJグループ13行分のお金があるとイメージしていいでしょう。巨大なビルではない。民家のような建物を住所にして会社、銀行、投資組合、基金が作られています。タックス・ヘイブンのマネーは、銀行の資産のように株式、国債、社債等の債券、デリバティブ（金融派生商品）、そしてドルとユーロになっています。21世紀になって世界中の企業と銀行に現金が増えて、１００億円以上の金融資産をもつ個人富裕者も増えたため、タックス・ヘイブンへの預託マネーが増えたのです。

08年のリーマン危機のあと、米・欧・日・中の中央銀行は合計で２０００兆円という世界史上最高額のマネーを増発していますが、そのうち１０００兆円は金融機関のマネーとしてタックス・ヘイブンに預託されていると推計しています。

タックス・ヘイブンでの仮想通貨のＩＣＯは、二重にどうなるか注目されます。**合法的な課税逃れを目的にした海外マネー**がインターネットで電子居住権を得てエストコインを買い、一夜で会社を設立できるからです。

スウェーデンがe-クローナを既存のクローナと同じとして発行できるのは、ユーロに加盟していないからです。エストニアは２０１１年ユーロに加盟し、**現在の通貨はユーロ**です。ＥＣＢ（欧州中央銀行）のドラギ総裁は「**ユーロに加盟するどの国も、政府がユーロに代わる仮想通貨を発行することはできない**」と警告しています。ＥＣＢは、加盟国のユーロ離脱を恐れているからです。

エストニアでは、仮想通貨発行の準備機関が作られています。しかしユーロと1対1の交換レートを保証するエストコインはＥＣＢが反対しているので、国内に住所のある電子コミユニティに限定する意向も示しています。

法定通貨のユーロと1対1にする場合は、金額の上限を設けた電子マネーのような少額決済になるでしょうか。しかしこれは、ICOと言うエストニアの発表とは矛盾します。

ユーロから離脱して、もとの通貨のクローンに戻し、ユーロと1対1の維持を、政府がゆるやかに保証する「**ユーロリンク制**（ユーロとの交換価値を保証）」をとる選択肢もあります。米ドルに1日約2%の変動幅でリンクしている人民元のようなものです。

中国では人民元が外為市場で2%以上変動した日には、人民元が高くなったときの「ドル買い／人民元売り」か、安くなったときの「ドル売り／人民元買い」に3・1兆ドル（341兆円）の外貨を貯めている人民銀行が介入します。貿易黒字で貯めてきた中国の外貨準備は、2位の日本の2・6倍もあり、世界最高額です。

エストニアが株式公開のようなICOをとらないとしても、**他のタックス・ヘイブンにICOでの発行を行うところが出てきます**。本章ではエストニアが『エストコイン』を発行して仮想通貨のICOを行ったと仮定し、モデルケースの展開を考えます。

【仮想通貨の価格と発行益(シニョレッジ)】

図2に、発行主体からの分類を示します。政府系、民間系、財団系、タックス・ヘイブン系、銀行系、クレジット会社系など多種の仮想通貨が、

①使いやすさ、
②使える範囲、
③信頼性、
④安全性、
⑤ブランド性、

この5つを、これから3年で競うでしょう。

競合すると、**①〜⑤の総合点が低いものは買いが減り、価格が下がって消えていきます。**

店頭でわれわれが選択できる商品と、同じことが起こるのです。

空気や水のような自然に見える法定通貨の中に生まれ育ったわれわれにとって、自分が使う通貨の選択は初めてのことですが、仮想通貨はそれを可能にします。

隣の家と違う商品を買うのは普通のことです。自分の意思で選ぶ商品のように、**異なる通**

図2. 仮想通貨の発行形態と価格

仮想通貨	初期発行形態	シニョレッジの発行利益	通貨価格	特徴
民間系コイン（1450種：18年1月）	株式のようなICO	発行者と初期所有者	市場価格	銀行のネットワークでなく、インターネットで国際送受金できる
財団系コイン	株式のようなICO	発行者と初期所有者	市場価格	
タックスヘイブン系コイン	株式のようなICO	発行者と初期所有者	市場価格	
政府系コイン	既存通貨と1：1 電子マネーに類似	中央銀行に生じる	現在の通貨と同じ	100万円以上は銀行のネットワークを使って国際送受金しなければならない
銀行系コイン	預金と1：1 電子マネーに類似	貸し付けたとき銀行に生じる	現在の通貨と同じ	
クレジット会社系コイン	銀行預金かクレジットカードで購入	貸付をしないと発行利益はない	現在の通貨と同じ	

仮想通貨は実体がないと言われる。法定通貨の紙幣も中央銀行の信用という実体しかない。中央銀行の信用は、政府の財政破産のとき、暴落する国債を買うことにより、壊れる。

貨を選択する時代が始まったのです。円が仮想通貨になっても日銀の発行が多すぎて国民の選択が少ないと、価値が上がると見られて選択が多くなる民間系仮想通貨に対しての価値（商品購買力）が下がっていきます。ちょうど変動相場制の中の外貨のようなイメージです。

金貨の時代には含有率の低い金貨も、純度が高いものと同じ100ドルや1両の額面金額でした。このため含有率が低い悪貨が使われて、金が多く含まれる良貨は金庫に仕舞いこまれて流通しなくなりました。ここから金貨では「悪貨は良貨を駆逐する」という**グレシャムの法則**が働いていたのです。

しかし、**民間系の仮想通貨には額面がありま**

せん。このため市場の価格が下がる信用度の低い悪貨は、グレシャムの法則とは逆に消えていきます。金貨の時代と逆に、人びとの評価が高いコインが残って「良貨は悪貨を駆逐する」ことになるのです。店頭の商品に政府の公定価格がないように、民間系の仮想通貨は人びとが選ぶ「市場の自然」に放置しておいていい。

資本主義経済体制の政府は、商品の価格に関与しません。政府が価格規制をしなくて、「品質÷価格＝コストパフォーマンス」の面で商品価値の低いものは価格が下がるか、消えていくからです。

１９９０年までのソ連や１９８０年までの中国のような共産主義経済の中では、政府が商品に統制価格をつけていました。このため商品面で「悪貨は良貨を駆逐する現象」が起こり、品質が低いのに価格の高い商品が増えて、１９９０年の経済崩壊と国家崩壊になっていったのです。資本主義では**品質のいい商品は高い価格に、品質が劣る商品は安い価格**になります。ところが、**共産党政府の統制価格では価格が同じ**です。品質のいい商品は売り切れて、店頭には品質の悪い商品が残るのです。それでも価格は統制価格のままです。このため品質の悪い商品がいつまでも残ってのさばるのです。食糧でも品質のいい商品は、プレミアムがつく闇（やみ）価格として何倍にも上がっていたのです。

仮想通貨を発行する政府の役割は、**①詐欺的なＩＣＯ、②取引所のセキュリティ、③マネー・ロンダリング**の規制をするだけでいい。

問題とされる価格変動率の高さは、仮想通貨が普及し多くの人が売買するようになっていくと、外貨の変動率(ボラティリティ)並みに標準偏差で１日１％、月間では５％から６％に下がっていきます。また自国の通貨相場のように、取引所が相場の安定のために介入することもできます。通貨の変動率の高さを嫌う人は、それが低い仮想通貨や、交換率を固定した銀行系のコインを選べばいいのです。肝心なことは、商品の店頭価格のように国民の選択にゆだねることです。

仮想通貨での価格変動率は、リスク金利に相当します。

図２に示したように、

①仮想通貨でのＩＣＯの発行益は、発行母体、初期に配布を受けた人、草創期に安く買った人に生じます。

②政府系コインでは、**現在の法定通貨の円、ドル、ユーロ、人民元**と同じように中央銀行に発行益が生じます。ただし中央銀行は現在の法定通貨の発行により、すでに発行利益を得ていますから、新たな発行益は仮想通貨としての増発をしたときです。

③銀行系コインでは、預金通貨（円やドル）との交換率が1対1になるので発行益は生じません。**仮想通貨を貸し付けたとき、**貸付金が生む金利が発行益になります。

中央銀行は狡猾（こうかつ）、または不当と思われるからか否定しがちですが、**得ている発行益（シニョレッジ）は1年で「発行額×金利」**の分です。平均金利が3％なら、複利では23年で2倍になるので、23年間で発行額分の発行利益（シニョレッジ）を得ます。

銀行の貸付金による預金通貨発行の利益は、「**貸付金額×金利**」です。これも金利が3％なら、23年で貸付額と同じシニョレッジが銀行の業務利益になっています。

・中央銀行は**法定通貨**を発行していますが、

・銀行システムは「**貸付金**（**資産**）**と対応して預金という通貨**（**負債**）**を発行**」しているのです。

預金通貨は紙幣としても引き出せるので、間接的には、紙幣の発行と同じです。経済学の教科書にある「**銀行は預金を仲介して貸し付けている**」という通説は、意図的か意図せざることか誤りです。**預金額は、預貸率として貸付可能な信用の上限を決めるもの**ではありますが、預金が貸し付けられているわけではないのです。

銀行は、直接には紙幣を発行できません。しかし「預かった預金を仲介して貸し付けている」という常識とは違い、**貸付金を増やすときに預金通貨を発行**しています。これは長年、民間銀行があえて言わなかったことですが、２０１４年になってイングランド銀行が公式に発表した論文で認めています。

「Money creation in the modern economy（現代経済における通貨創造）」
https://www.monetary.org/wp-content/uploads/2016/03/money-creation-in-the-modern-economy.pdf

全米経済学会の会長を務めたガルブレイスは、以下のように述べています。「マネーの研究は、経済のあらゆる分野の中で、真実を隠す、または真実から巧みに逃れるために、それが**暴露されないようにわざと複雑**になっている分野の１つだ」

（「Money whence it came where it went」：通貨はどこからきてどこへ行くのか：１９７５）

43年前のものですが、アマゾンで古本を売っていたので読みました。今も、脇にあります。世界の誰が読んだのか、ペーパーバックなので茶色に変色しています。

【『エストコイン』のＩＣＯの想定】

仮想的な事例にした『エストコイン』で想定できるのは、銀行等がＩＣＯで発行し、政府は、その銀行株の51％をもつ方法です。日銀の株も、財務省が55％をもっています。

『エストコイン』は、世界の取引所でビザやマスターのクレジットカードから買えるものになります。会社を作れば、タックス・ヘイブンですから**所得に対する合法的な非課税**の特典もあります。

認証レースをしている不特定のマイナー（発掘・認証者）たちが新規発行者であるため、源（みなもと）がわかりにくい民間系の仮想通貨と違い、政府発なら人びとが寄せる信用は高くなることはあっても低くはならないでしょう。

ビットコインでは、10分間に12・5BTC（ビットコイン）（1BTCを100万円として1250万円）が、**マイニング（新規の発掘）の1位の報酬**として新規に交付される仕組みが組みこまれています。これは、1日に1800BTC（18億円相当）になり、1年で21・6万BTC（6750億円）です。1BTCを100万円としたとき、すでに発行されているのは1650万BTCくらいですから、16・5兆円が総発行残高です。1年に4・1%の増加率です。新規の増発量は少ない。2100万BTCが上限です。そこで新規発行が終わるようにプログラムされています。以上がビットコインのプルーフ・オブ・ワークといわれる発行システムです。

ここからは、『エストコイン』ICOの皮算用です。多くの人には、妄想に見えるでしょうが、傍証となる根拠をあげて書きます。まだ起こっていない未来の根拠は傍証しかないからです。

金準備制から離れたあとは、世界のフィアット（法律で受け取りを強制する通貨）マネーの発行にも常識で考えると「嘘だろう」としか思えないことがあります。

1万円や100ドル札は、なぜ額面の価値があると人びとに信用されて流通しているのか。「法定通貨として信用されるから信用される」という循環論法に陥（おちい）らず、本源から説明できる人は少ない。**フィアットマネーとは、商品代金としての受け取りと、税の支払いをその国の通貨法で強制されたもの**という意味です。短縮して法貨とも言います。

単なる暗号が通貨として、1単位100万円や200万円で買われている仮想通貨に出会うと、**「お金」とされてきたものの本質へのイマジネーション**をかきたてられるのは私だけではないでしょう。

ネットワーク上にあるという**ビットコインのデータ量**はどれくらいかと思われたことはないでしょうか。2018年1月の、約1650万枚の発行済みのビットコインの、取引記録の1ページ分と見なせるブロックは、現在50万個です。50万個のブロックがつながったチェーンが、ビットコインの1650万枚の全取引記録です（過去10年分）。1個のブロックは、データ量で1メガバイトと設計されているので、**全体データは500ギガバイト**です。1テラバイトのノートブックPCのハードディスクに、十分に収まるデータ量です。

新しい取引記録は10分に1個のブロックが、1メガバイトに圧縮されて加わります。1年では5万2560個が追加されますから、10年後には今の2倍の約1テラバイトになるくらいです。これが1BTCを124万円（18年2月20日）としたときの、データ量のイメージです（20兆円分のマネー）。ビットコインの発行上限は、プログラムで2100万枚に制限されています。

リーマン危機のあと2009年から始まった、主要国中央銀行による同時の量的緩和を波及原因とする**世界の金融資産の膨張**には、すごいものがあります。株だけでも米国株は3倍、日経平均も3倍に上がり、世界取引所連盟（WFE）が集計している**世界の時価総額は17年5月で76兆ドル**（8360兆円）です。このうち米国が3300兆円、日本は700兆円です。

しかし株式の単位株をブロックチェーンにすれば、100ギガバイト（500億文字）のメモリ1個にはいってしまうくらいです。セキュリティのため、世界の株券のブロックチェーン化も、決定された将来でしょう。**証券や国債も、仮想通貨と同じブロックチェーンになっていく**でしょう。

こうした時代の流れの中での、仮想通貨です。

中身にかかわらず、ベンチャー企業の株が将来成長の期待とともに、高い価格に上がることがあります。これと同じことが『エストニア』、あるいは他のタックス・ヘイブンの仮想通貨で起こる可能性があるでしょう。もうベンチャーではありませんが、巨大ベンチャー的なアップルの株式時価総額は、8596億ドル（95兆円）で世界一です。トヨタの株価時価総額20兆円の4・8倍です。

仮想通貨と同じインターネット上の企業であるグーグル（社名はアルファベット）は8171億ドル（89兆円）、アマゾンは6991億ドル（75兆円）です。中国のテンセントが5583億ドル（61兆円）、アリババも5162億ドル（56兆円）です（いずれも18年1月末）。物的な設備や機械の資産価値ではなく、インターネット上での機能が投資家から高く評価されています。これらの企業の価値は、インターネット上の通貨の機能である仮想通貨と同じ根拠しかもたないのです。

5年の任期を終えて再任された日銀の黒田東彦（はるひこ）総裁は、**「仮想通貨には資産の根拠がない」**と国会答弁で述べていますが、その論理で言えば、「物的資産がとても少なく、インターネット上の販売機能でしかないアマゾンやアリババも、株価には物的な資産の根拠がない」ことになるのです。

プログラムの「機能」にモノの形はありません。このため、黒田総裁のように浅薄な誤解が起こります。仮想通貨に資産的な価値の根拠がないという見解は黒田総裁だけでなく、多くの人に共通していることでしょう。

インターネット上の仮想店であるアマゾン、アリババ、テンセントの50兆円を超える会社価値は、「将来も年率30％で売上が増える」という**投資家の未来期待**からのものです。ICO型の仮想通貨の時価総額も「将来、利用が広がる」という**将来期待**からのものであり、物的な資産からのものではありません。

株価は、投資家の集団心理による評価額です。発行済み株数の総額は会社価値であり、株主資産の時価総額でもあります。ゼロ金利マネーのレバレッジ投資（証拠金を入れ最大では30倍を売買）により、米国や日本だけなく、全世界の株価の30％から40％部分がバブルに見える価格に上がっています。18年の2月5日（ミニ・ブラックマンデー）から、この修正が起こる感じになってきました。

「赤信号、みんなで渡れば恐くない」という集団心理がブームを生み、**「青信号、みんなが止まれば恐くなる」**という心理がバブル崩壊です。会社価値と仮想通貨の時価総額は同じ性格のものです。会社には株価の裏付けとしての利益があるが、仮想通貨には利益に当たるものがないという人がいます。しかし、**仮想通貨には商品と資産の購買力という裏付け**があります。会社の利益もマネーで計る購買力です。両者は同じです。

株価を含んで、相場で価格が決まる商品は、経済学が理論化できていない市場の本質からおよそ8年から12年の周期で、バブルが生じます。このバブルは、必ず崩壊します。バブルの発生と崩壊は仮想通貨だけのことではない。崩壊したときの価格は、**ほぼ共通してピークの約30%が底値**です。そして株のように、そこからまたリバウンド(反騰)します。リーマン危機以降、2017年までの世界の株式相場は、ボトムから9年で3倍に上がるという反騰をしています。

ところが仮想通貨では、**株価の10年で起こることが1年で起こっています**。これが価格のボラティリティ(価格の標準偏差/平均価格)が1日に3%から10%もある理由です。ビットコイン単独での1日当たりの価格変動率は、2017年から2018年2月までで平均で6・25%です。株価では、普通の時期は1日1%の変動率です。

1650万枚のビットコインの時価総額(1枚の価格×発行数)も、2か月半前の最高では、33兆円を超えていました(17年12月17日)。1450種ある**仮想通貨**の全体の時価総額は、17年12月初めには130兆円でした。

18年2月上旬には、いずれの仮想通貨も30％～50％に下げましたが、それでも50～60兆円前後の総時価でしょう。世界で仮想通貨への投資家は、1350万人と言われます。

他の金融資産と同じように、所有額に格差があり平均化は無理ですが、**単純平均では1人400万円余の仮想通貨資産**です（18年2月）。日本では、125万人の投資家がいると言われます。世界の株価が上がってきたことと、仮想通貨の高騰には並行関係があります。

モデル事例とする『エストコイン』の総額が2年後に、ビットコイン単体の3倍の50兆円に評価されることには可能性があるでしょう。

アップルの総時価95兆円、グーグル89兆円、アマゾン75兆円、中国のテンセントの61兆円、アリババの56兆円の総時価（企業の価値を表す）と照らし合わせると、可能性があると思えるからです。グーグル、アマゾン、アリババはいずれもインターネット上の企業で、イオンや三越のような具体的な店舗はありません。仮想通貨も、インターネット上で販売され、インターネットの中にある通貨という商品です。デジタル・ゴールドという概念で考えると、商品と通貨のアナロジー（類似性）がわかります。

人口が134万人の『エストニア』は、政府系の仮想通貨のICOにより、**1人当たりGDPで世界一豊かな国になる可能性**が出てきました。中東と世界の富裕者からマネーを集めてきたスイスのように、です。

(3)タックス・ヘイブンマネーの4000兆円は仮想通貨への強いニーズをもつ

エストニアがその1つであるタックス・ヘイブンは、**世界に約100か所**もあります。ヘブン(天国)ではなくヘイブン(Haven:マネーの港または停泊所)です。パナマ文書やパラダイス文書で一部(全体の1000分の1くらいでしょうか)が流出し、メディアが取りあげました。各国の法と規制が及ばない独立法域に、世界からマネーが集まった理由は、**その法域にマネーがとどまる限り**、本国からの課税を逃れることができるからです。なお、既存のマネーでは、100万円以上を海外に送金するときは、銀行システムを使わねばならないと規定されています。しかしビットコインのように**価格が変動するICO型の仮想通貨**は、この必要がなく、メールのようにインターネットで海外送金ができます。

【わが国では仮想通貨に過酷な税がかかる】

わが国では株、証券、金、外貨等の金融資産で源泉分離課税の制度があり、一律で20・

315%です。しかし**仮想通貨の利益は正業以外の雑所得**とされ、個人はほかの所得や損失と合算できません。税率は15%から55%と高い。**懲罰的**なのは、たとえばビットコインをイーサリアムに交換したとき、ビットコインの「交換価格－取得価格」がその年度の課税になることです。

1単位を20万円平均で買っていたビットコインを20単位、取引所の価格で100万円のとき、2000万円分をイーサリアムに交換したとします。原価の400万円分を引いた1600万円が課税対象になります。

・国税分が「利益1600万円×33%－控除153万円＝375万円」です。
・これと別に地方税が「利益1600万円×10%＝160万円」かかります。
・合計税額は535万円という大きなものです。

イーサリアムに換えただけで現金は1円もはいってきません。しかし、税務署は所得が発生したと規定します。所得税535万円を払わねばならない。

売って円にし、利益が確定したあとの課税なら納得もできますが、**仮想通貨を乗り換えただけで535万円払えという強制**に皆さんはどう反応するでしょう。実際に自分がこの立場になると、国に嵌（は）められたと思う人も少なくないでしょう。ホンネは、自分が経験したときだけ生まれます。仮想通貨で商品や車を買ったときも、その仮想通貨に購入時との差額の利益が出ていれば、雑所得としての課税対象になるのです。税法では、いったん仮想通貨を売って円で利益を出して、その円で買ったと考えるからです（国税庁通達）。

毎年、3月15日は確定申告の期限日です。今年はじめて確定申告をして、びっくりして不当だと叫ぶ人が日本中に多いでしょう。昨年大きな利益が出ても、1月、2月の値下がりで通算がマイナスになっている人も、17年の所得に対して納税しなければならないからです。原因は、税法が年度決算というゆっくりしていた時代の古色蒼然（そうぜん）としたものだからです。

なお年間通算で20万円以上の利益が出ているのに確定申告をしていないと、**5年間はあとから課税される可能性**があります。雑所得の税は、1年単位の計算です。最終的にもっている仮想通貨が下がって大きな損をしても、5年間のうち1年や2年で利益が出ていれば課税されます。**雑所得では年度を超えて利益と損失を合算する損益通算がない**ので、「最終的に、税金で仮想通貨値上がり利益の100％以上を失った」ということは、多くの人に起こります。いや、**5年間を見た場合、起こることが確実**と見ておいたほうがいいでしょう。

株式の利益は、配当所得に対して、年度を超えた損益通算ができます。過去にたとえば1000万円の損をしていれば、ある年度で利益が上がっても通算でゼロになるまでの3年間は、配当所得分の課税はありません。**法人の所得も年度を超えた損益通算**ができます。仮想通貨で発生する利益に対する課税は政府の意思で過酷になっています。

【合法的な課税逃れの手段がタックス・ヘイブン】

タックス・ヘイブンのマネーが世界で4000兆円に増えてきたのは、金融機関、大手企業、富裕者が**課税を合法的に避ける目的**からです。海外送金になるので、マネー・ロンダリングと混同されやすい。しかし資金洗浄の脱税マネーとは、別のものです。

海外所得課税に対して**租税条約**を締結していない法域では、国内に戻るときまで非課税になることが多い。海外にもつ法人の所得であっても国内の所得とみなして課税できる**租税条約の締結国は、わが国は45か国**あります。この中に**世界で100か所のタックス・ヘイブンの法域**はいずれもはいっていません。仮定的な事例の『エストニア』も除外されています。条約を結ぶには、相手国の意思との一致が必要です。今後も、タックス・ヘイブンへの課税は難しいでしょう。

スイスは、世界からの預金者の**口座の秘密を守るプライベートバンク**の仕組みによって、金融大国になっています。プライベートバンクに行ってみると、民家のように質素な建物です。タックス・ヘイブンの非課税と、銀行を経由せずインターネットで国際送金できる仮想通貨は、刀と鞘（さや）のように馴染みます。スイスは中東の王族のマネーを集めています。

一般に、世界で100万円以上の送金は、各国の銀行が記録して国税庁に開示されています。**スイスのプライベートバンク**でも、米国政府の要求により、タックス・ヘイブン以外のマネーについては、情報開示をするところが増えています。ただしスイスの銀行も、**米国のデラウェア州**（米国内のタックス・ヘイブン）を使えば、米政府が開示要求をしません。米国は、対外的な面でご都合主義になることが多いのです。

国際的な金融規制は、ザルで水を汲（く）むように抜け穴だらけです。**タックス・ヘイブン**という、米国も支配できない国家主権をもつ非課税の国があるからです。国内で課税後のマネーをタックス・ヘイブンに送るのは、マネー・ロンダリングでもなく、脱税や違法でもありません。この制度を利用してアップル、グーグル、アマゾン、フェイスブックを筆頭にする米国の大手企業と個人は、米国政府の予算規模より大きな数百兆円を世界のタックス・ヘイブンに分散して置いています。

トランプ大統領が、米国企業が国外に貯めている非課税のマネーを米国に戻すとき35％の税がかかっていたものを、8％から15・5％に下げるのは、企業や富裕者からタックス・ヘイブンに行っているマネーの大きさを示すものです。17年12月に決まったトランプ減税は、**所得税と合わせ10年間で150兆円から170兆円**という大きなものです。

不動産投資は建物の減価償却費が認められるため、テナントやホテル収入より経費が多く、赤字になって所得税がゼロになることも多い。トランプ自身も、米国内のタックス・ヘイブンであるデラウェア州にマネーを置いています。トランプのような不動産投資は「勘定（損益計算）合わずして、銭（キャッシュフロー）余る」ものの典型です。不動産価格が下がらない限りキャッシュフローの増加分、資産が増えていきます。

長期で見た人口減により、ほとんどの不動産価格が下がっていく日本では、その値上がりで資産を作ることはできなくなりました。ところが2030年ころまでは人口減にならない米国、中国、欧州などの世界では別です。銀行からの借入金で不動産（ホテル、邸宅、リゾート、ゴルフ場）を買う。事業は減価償却費と借入金利で赤字になるから所得税は払わない。不動産価格の上昇分が純資産になるというのが、無から資産を作って大統領にまでなったトランプの方法です。

運用マネーの規模が数千万円の一般の人びとは、ヘッジファンドから陰で**「ゴミ投資家」**と言われています。国内のゴミ投資家の大群（推計1000万人）が電子居住権の仮想市民と『エストコイン』によって、タックス・ヘイブン（租税回避地）の住民にもなることができます。

米国の大手企業、金融機関、ヘッジファンドマネーの本拠地のほぼ100%が、タックス・ヘイブンです。

【国際通貨である仮想通貨はタックス・ヘイブンと馴染む】

タックス・ヘイブンで、信頼性の高い機関が仮想通貨を発行すると、**個人のお金の運用の幅が広がります**。今はまだ仮想通貨を買っているのは、世界人口の0・2%で500人に1人しかいない。日本では125万人で人口の1%、100人に1人です（いずれも推計）。この中でも98%の人は試験的な買いであり、数十万円と少額でしょう。国内で最大手の取引所ビットフライヤーには、100万口座が登録されています。二番手が盗難事故を起こしたコインチェックです。18年3月には日本の取引口座数は300万人になったと言われています。

仮想通貨により、世界中にあるタックス・ヘイブンの銀行、基金、投資組合に貯金する人が増えるでしょう。預金また投資通貨として**民間系の仮想通貨を買い、タックス・ヘイブンの銀行に預け、利益非課税の特典を受ける**。日常の買い物に使うのは、政府系や銀行系の仮想通貨のクレジットカードという使い分けです。

一度でも経験した人ならわかると思いますが、個人の税は所得の30％くらいから「払いきれない思い」になります。やりきれない思いで、税金払いのための銀行借入も必要になるくらいです。以上のような税制からも、国際的に移動できる**仮想通貨はタックス・ヘイブンの取引所を目指す**と言えるのです。

古来**いかに合法的に税をのがれるか**は、個人の金融資産と不動産による資産蓄積の要諦（ようたい）でした。所得に対する30％や40％の税が、支出項目の中でもっとも大きくなるからです。

今までタックス・ヘイブンは、富裕者専用でした。銀行システムを使わずインターネットで送金できる仮想通貨によって、これが個人と小規模な企業に可能になります。

合法的な節税をしないで、資産リッチになった人は少ない。年間所得が5000万円の人の税は、約40％の2000万円です。月420万円の収入があると思って3000万円を使っていると税も払えず、600万円の預金の取り崩しや銀行借入になります。

金（ゴールド）や株式は利益が出ても売るまでの含み利益は、非課税です。不動産では、減価償却費により他の所得との合計にかかる総合課税を減らすことで、西武財閥や阪急の小林財閥、**現代のトランプ氏のように無税**にもできます。

タックス・ヘイブンのエストニアなどにＣＥＯを委託し、自分では株ももたない会社を作って仮想通貨を預け、従業員になって少額の給料をもらう。そして国内での支出では、タックス・ヘイブンの預金をバックにしたクレジットカードを使う。これはスイスのプライベートバンクや英国のシティ（金融街）で、多く行われている方法です。以上の合法的な節税策は、税をとる政府ではなく、所得が全部捕捉（ほそく）されて、**節税の手段がほとんどなかったビジネスパーソンの立場**で書いています。

国民が高齢化すればどの国でも、年金と医療費は例外なく増えます。これから**税の高い社会を作らざるを得ないのが、日米欧と中国の政府**です。米国は、今は無理に減税しています。しかし日本のほぼ10年遅れで高齢化が進む5年後は、米国も増税に向かうしか選択肢がなくなるのです。

生産年齢人口（中国では15歳から60歳まで）が減り始めた２０１５年まで一人っ子政策をとってきた中国は米国の５年遅れ、日本の15年遅れで超高齢化に向かいます。２０３０年には60歳以上が２億８０００万人（総人口13・8億人の20・2％）に、２０５５年には4億人（総人口の27・2％）

に増えるという、すさまじい高齢化です。高齢化人口の大きさで、イマジネーションを超えるのが5年後からの米国、10年後からの中国の高齢化です。

米国、日本、中国の10年後は、欧州並みの50%の国民負担に向かいます。

現在の国民負担率（所得の中の税金と社会保障費）は日本42・2%、米国32・7%、英国45・9%、ドイツ52・8%、スウェーデン56・0%、フランス68・2%です（いずれも2014年：財務省）。個人と法人の所得のうち50%以上が税と社会保障費です。この国民負担率は、合法的な節税が重要になることを示しています。

タックス・ヘイブンの利用者で多いのは、**米欧の大手企業、金融機関、産油国の王族、中国の共産党幹部、そして世界の富裕者**です。世界人口の0・3%（2000万人）でしょう。これを一般の人がインターネット上でできるようになるのが、エストコインをはじめとするタックス・ヘイブンの仮想通貨です。

タックス・ヘイブンはエストニアに限りません。バハマ、バーレーン、バミューダ諸島、ヴァージン諸島、ケイマン諸島、ドミニカ、リヒテンシュタイン、モナコ、オーストリア、ベルギー、ブルネイ、チリ、シンガポール、モルディブ、リベリア…など数え切れません。これらの多くが国家間の租税協定の除外国です。島が多いのでオフショア（沖合の島）とも言われます。

信用ある企業が、タックス・ヘイブンを本拠地として信託法人を立ち上げたとします。ＩＣＯで仮想通貨を発行して補償付きで預かれば、現在の４０００兆円から少なくとも１０００兆円以上は、タックス・ヘイブン国籍の仮想通貨の買いに向かうと想定しています。タックス・ヘイブンで信用ある仮想通貨が発行されると、投資家の節税ニーズは高いので大きく上がるでしょう。現在、３・１兆ドルに元本資産が増えている全世界のヘッジファンド（６０００本）の本拠地は、ほぼ１００％がタックス・ヘイブンです。

ヘッジファンド（基金または投資組合）の多くが、ＩＣＯ型の仮想通貨を発行するようになっていくことも、確定した近未来と見ていいでしょう。金銭欲に抜け目のない彼らが、**ＩＣＯという大きなお金を集める手段**を見逃すわけがない。米国の投資銀行や保険会社も、マネー運用の面では、ヘッジファンド（投資信託・投資組合）と同じです。

融資ではなく、投資銀行の機能が強いゴールドマン・サックス、ＪＰモルガン・チェース、シティバンク、保険会社のＡＩＧ（アメリカン・インターナショナル・グループ）などです。英国系ではＨＳＢＣです。いずれも、ラップ口座（投資一任勘定口座）とプライベートバンク（資産管理運用銀行）の部門をもっています。ラップ口座は、投資家からマネーを預かって運用する投資信託の口座です。日本の大手銀行や証券社会にもあります。

【国民の潜在金融資産が2年で世界一になる可能性もある『エストニア』】

人口の少ない国の商品生産は、国内で売れる商品量が少なくなるので不利です。しかし仮想通貨のICOでは、取引所のセキュリティ対策での有利さになります。**世界でたびたび起こっている仮想通貨の不正流出と盗難**は、取引所のシステムの脆弱さが原因です。

ハッキングは、後述する仮想通貨の発掘（マイニング）と認証に似ています。仮想通貨では超高速の並列コンピュータが必要ですが、ソフトの方法は類似しています。出所がわからない**匿名（とくめい）コインの「モネロ：MONERO」**は、北朝鮮のものとも疑われています。1モネロは3万4000円で取引され、2016年末から25倍に上がっています。総時価では5200億円もあります（18年2月18日）。

匿名コインは、一般の仮想通貨ではわかる取引者の**アドレスをシャッフル**して、送金者、受金者を追跡できなくしたものです。日本の取引所のコインチェックでも売買されています。日本政府は、マネー・ロンダリングもできるので、匿名通貨の国内での売買禁止を考えています。

『エストコイン』の時価総額が仮に2年後に50兆円に上がると、50%を所持する政府の通貨

資産が25兆円になります。モデルにした『エストニア』は、総世帯数が40万くらいです。1世帯にならすと、6250万円の資産になります。国民の全部が約2年で金融リッチになる可能性もあるでしょう。『エストニア』の政府は、税と逆の国民に還元する**ベーシックインカム**（**基礎的な生活費**）にもできる金融資産を25兆円もつことができます。

フィンランドでは、17年1月から18年まで1人当たり月6万8000円のベーシックインカムの実験を行っています。ベーシックインカムの実験とは世帯所得にかかわらず、政府が世帯に一律に5万円から10万円を毎月支給するものです。

『エストコイン』が50兆円の時価になれば、**1世帯当たり6250万円**を毎月20万円を支給しても、312か月分（26年分）もあります。原油収入のおかげで無税国家であるサウジアラビアを超えて、国民にマネーを配る国にもなり得るのです。サウジは2665億バーレル（16兆ドル）の埋蔵原油が原資になっています（1760兆円：1バーレル60ドルのとき）。

タックス・ヘイブンの『エストニア』では、これが政府仮想通貨の発行益になり得る可能性もあるのです。仮想通貨が**デジタル・ゴールド**になる感じです。金鉱山がなくても、世界からの信用でデジタル・ゴールドが生まれます。それが発行体の信用度の高い仮想通貨です。

発行体の信用とは、

①仮想通貨の発行量を一定に制限していること、
②発行システムのセキュリティが高いこと、
③内部の不正のとき、ユーザーが受けた損害を補償できること、
④その仮想通貨の取引所のシステムのセキュリティが高いこと、

でしょう。

以上の条件をみたせば、多くが南の海に浮かぶ淡路島のような小島である、世界で100か所のタックス・ヘイブンが、国民1人当たりでスイスよりも富裕な国になり得ます。淡路島や沖縄を経済特区としてタックス・ヘイブンにすれば、香港やマカオのようになりますが、税収が減るのでわが国の財務省は決して実行しないでしょう。しかし国会の議決があればできることです。財務省が国内のタックス・ヘイブンを認めないため、円は海外に流出しているのです。なお東証株式売買額の60~70%を占めている外国人投資の本拠地は、ほとんどがタックス・ヘイブンです。海外の資産家はタックス・ヘイブンの利用者です。

【タックス・ヘイブンは仮想通貨ICOで無税国家のように国民が豊かになる】

米国、19か国のユーロ、中国、日本のようにGDPが大きく、人口も多い国はICOの仮

想通貨事業を行うことはできません。政府がヘリコプターマネーのように国民に配ると、通貨の増刷による世界インフレになるためです。しかし仮想モデルの『エストニア』のような小さい国では、実行できるのです。

世界の１９１か国には、**ＧＤＰで１０２位のエストニア以下のミニ国家が89か国**あります。そのうち**約50か国の銀行、投資組合、ファンド（基金）は今でも世界からマネーを集めている**タックス・ヘイブンです。

仮想通貨は、生まれた瞬間から国際通貨です。イメージとしては、**世界の店舗で使えるＶＩＳＡやＭＡＳＴＥＲまたはＡＭＥＸのプラスチックマネー**です。しかもその支払いになるマネーは、**国家信用をバックにした仮想通貨のＩＣＯ**により、無料で作ることができます。

仮想通貨は、**スマホで送受信される秘密鍵の暗号自体がマネー**です。**ビットコイン**では、約10分かかる認証を受ければ、真正のものという確認は要りません。

なぜ10分かかるかはビットコインの認証方法の本質にかかわるので、後述します。同じ仮想通貨の**イーサリアム**のような認証なら、インターネット上の専用サーバーが行うので数秒で終わります。

電子マネーが多く使われているエストニアの店舗で仮想通貨を使えるようにするのは、仮想通貨を入れる**ウォレット（財布）アプリのダウンロードによって、一夜で可能**です。追加の費用を払ってＰＯＳやカードリーダを設置する必要はない。店舗側が仮想通貨を受け入れるのに、新たなＰＯＳレジの設置は要りません。国民の１００％が使っているスマホ、タブレット、ＰＣで即日に受金（じゅきん）ができるからです。銀行に預ける必要もない。自宅のＰＣにいれておけばいいのです。

中国は電子マネーとインターネット通販の先進国です。ユニオンペイ（銀聯：利用者13億人）、アリペイ（支付宝：同8億人：アリペイ）、We Chat Pay（微信支付：同6億人：テンセント）が、３大電子マネーです。現在、中国人でデビットカードや電子マネーを使わない人はすでにいないでしょう。クレジットカードと電子マネーのアリペイ（AliPAY）を出しているアリペイは、前述のように株価時価総額で57兆円（トヨタの2・5倍）、クレジットカードと電子マネーのWe Chat Payのテンセントは、すでに61兆円の超巨大企業です。会社の株価時価総額では米国ウォルマート（世界最大の小売業）の１・５倍です。いつの間にか、中国が日本企業をはるか先に追い越しています。

電子マネーでは、デビットカードのように店舗でスマホのＱＲコードを読み込むと、顧客のウォレットアプリにチャージされている現金が発行した銀行から振り込まれます。スマホで払う電子マネーの普及から、中国では仮想通貨へのインフラ整備はすでに終わっているのです。

(4)小国の仮想通貨の価値が膨らんでも、世界はインフレにならない

ＩＣＯ型の仮想通貨での価格上昇は、マネー量の増加と同じことになるため、商品の生産力（ＧＤＰ）が３兆円と小さい『エストニア』が**高いインフレ率になるという懸念**もあるでしょう。

経済学ではモデル化のとき、一国の閉鎖経済を前提にしているので、こうした誤解が起こります。経済学者ですら、間違えています。

資本（マネー）と貿易が自由化された１９９０年以降の世界では、世界中の通貨が同時に、しかも大きく増発されない限り、**高いインフレ率の心配は無用**です。21世紀の世界には、**商品の過剰生産能力が15％**あります。これは工場の世界平均の稼働率が最大能力に対して、85％程度という意味です。工業生産力が世界一の中国では、工場の設備能力の稼働率は70％程度と低い

（2015年：中国統計年鑑）。需要が30％増えて30％増産しても、輸出価格は上がらないという意味です。

しかも現代は、80年代に比べて約3分の1以下に下がってきた関税は残っていても、輸出入を禁じるものではない。ある国の需要が超過すれば、いくらでも輸入ができます。店頭の商品が高いなら、インターネットで世界の仮想店からも買うことができます。なお個人輸入でも、課税品目には関税がかかります。クロネコヤマトのような国際宅配業が品目表示と申告を義務付けられています。

米国のアマゾンやウォルマートから、世界の人びとが商品を買うことができます。もちろんこの2店舗だけではない。中規模以上の小売業は、ほとんどがインターネットで販売しています。グーグルで、店名を入力するだけでいい。探している商品名があいまいでもいい。これは世界の多くの人が、日常的に行っていることです。

こうしたことが、世界の不可逆的な変化です。

入力が面倒なら**AIスピーカー**に漠然と商品名を話せば、買ってくれるようになっていくでしょう。「当たり前になること」の中に、時代、経済、金融、そして通貨を変える大きな変化があります。仮想店に限らず、**宅配便**も当たり前です。世界の商品流通は変わりました。

１９８０年代初期までは「なかったこと」なのです。

世界のインターネット仮想店の価格が、国内だけの物価上昇を許さなくなっています。消費財のインフレは、**世界が同時にマネーを大増刷しない限り、**起こらなくなっているのです。

外為変動と物流費（米国アマゾンからは小包で約４０００円）での価格差はありますが、**世界が一物一価になったのがインターネットの21世紀**です。簡単になった個人輸入も増えていて、国内の店舗の価格が米国アマゾンで買う価格より20％も高ければ、売れなくなるからです。**世界ではＧＤＰの20％、総額で１６００兆円の商品が輸出入**されています。

商品生産がグローバル化された現代の開放経済の中では、仮想通貨の価値が大きく上がっても、『エストニア』の店頭物価だけが上がることは起こりようがない。約10％は過剰な生産力がある日本のメーカーも少し高く買ってくれれば、いや高くなくても豊かになった『エストニア』にいくらでも輸出するでしょう。

『エストニア』での商品需要が今の３倍（９兆円）になり、世帯当たりで1年に１５００万円消費する、世界のどこも到達したことのない豊かな国になっても、物価は上がりません。

【通貨価値の上昇が経済成長になる時代になっている】

21世紀のグローバル経済では、通貨価値の上昇が国民を豊かにします。世界合計の過剰生産力、国際物流の発達、資本の自由化、インターネット化した商取引の中で、経済成長の推進力も変わってきたのです。

21世紀のグローバル化はまず、世界の金融資産の膨張になっています。

世界のマネー（銀行預金で9000兆円）は、**世界の通貨の実需である貿易額（1800兆円）の100倍にもなっている外為取引**（推計18京円／年：BIS）により、目には見えず国を超えて瞬間移動しています。円高のときは円が買い超になり、円安のときは売り超になっています。日本ではマネーと商品のグローバル経済になった現在でも、いまだに「円安がいい」とされています。**政府、エコノミスト、そしてメディアに共通の錯覚**です。本当は、21世紀は円高が国民を豊かにします。円安は、国民の貧困をもたらします。仮に50％の円安になると、米国アマゾンで買う価格も50％上がるからです。

ところが2012年末からアベノミクスと日銀は、1ドル80円から120円水準へと50％の円安を推進してきました（18年2月は108円以下への円高傾向です）。

このため日本人が米国アマゾンのドル価格で買う商品の1億品目が、安くなった円で50％値上がったのです。日本国民の経済力を**国際基軸通貨のドルで計る**と、50％も貧困になったことの現れがこれです（円はローカル通貨）。

仮想モデルにした**『エストニア』は、通貨安が好ましいという錯覚をもってはいません。**このため、世界で最初に仮想通貨のＩＣＯを行うのでしょう。

前述のように人口が１０００万人、１人当たりのＧＤＰでは日本を超える5万ドル（５５０万円）で経済成長率も４・１％と高い**スウェーデンも２０１８年に「e-クローナ」を発行するかどうか**を決定します。もともとスウェーデンでは、デビットカードの電子マネーが多く使われ、現金の使用は１・２％しかないのです。

人口の年齢構成では、日本に近い高齢化です。社会福祉の費用のため、国民負担率が65％（日本は42・6％：財務省17年）と高い。これでも経済の成長力があるのは、情報化・ＩＴ化の徹底からです。人口の９９０万人は、東京都より少ない。情報化・ＩＴ化を推進し、１人当たりの生産性を高くしてきたのです。クローナの仮想通貨への変更も国家政策の一環です。

工場のＩＴ化は、１人当たりの生産量を増やします。流通・小売りの情報化は、労働時間（人時という）の１時間当たり物流量と店舗販売量を増やします。金融と会計のフィンテックと仮想通貨は、金融と経理の従事者当たりの生産性を高めるからです。仮想通貨の普及とともに**フィンテックの金融と会計効果**で、人口が少ない国が経済成長する時代になっていくでしょう。**インターネットによる成長の次がAIとフィンテック、そして仮想通貨の導入での成長**です。

(5)紙幣や銀行送金より、マネー・ロンダリングがしやすい仮想通貨

マネー・ロンダリング（密輸や違法取引での資金洗浄）は、脱税や密輸が絡む犯罪です。仮想通貨は、麻薬や兵器の違法な密輸、イスラム国と呼称されるISでのマネー・ロンダリング、北朝鮮のマネー集めに使われているとも言われます。北朝鮮では、国家が仮想通貨および米国の軍事情報のハッキングにも通じる高度情報技術者を選抜して育成しています。

違法なマネー・ロンダリングを禁じるために、インターネットで送金できる仮想通貨に対して、国際協約で規制する動きがあります。ただし世界に100か所ある、**4000兆円を保持すると推計されるタックス・ヘイブン**を全面禁止にしない限り、規制には抜け穴ができます。タックス・ヘイブン（租税回避地）の『エストニア』や、スウェーデンのように正統な国家も、仮想

通貨を発行するからです。２０１８年は、政府系仮想通貨の元年になっていくでしょう。
世界の70億人、そして30億台のスマホに送金できる**仮想通貨の禁止**は、

①タックス・ヘイブンの全面禁止、

②世界中の仮想通貨の禁止

と一緒にならないと、実行できません。

この2つとも、世界の政府にとって可能ではないのです。スマホは、そのまま国際電話になるのはご存知でしょう。仮想通貨も同じです。

米国のデラウェア州は世界最悪と言われ続けても、50兆円の税が合法的に回避されているとされるタックス・ヘイブンを米連邦政府自身が認めています。この州をインターネットから遮断しない限り、仮想通貨の国際送受金は規制できません。米国が世界のインターネットを禁じることはできない。１９８０年代までと21世紀では**世界は不可逆に変わってしまったのです**。

世界のタックス・ヘイブンは禁止ができません。いずれも国家主権をもつ独立国だからです。そこに自国にタックス・ヘイブンを認めている米国が海外のタックス・ヘイブンを禁じることは、軍事侵略しない限りできません。タックス・ヘイブンの小国に軍事侵略をする政

治的な名目は立ちません。このため、国内にマネーを戻す方策として税を35%から15%に下げたのです（17年12月成立）。政府から非難されていた、時価総額で世界一（94兆円）のアップルは早速、タックス・ヘイブンに置いていた数兆円を米国本社に戻しています。

タックス・ヘイブンへのマネーの送金や、ヘッジファンドや投資組合、あるいは銀行へのマネーの預託は違法ではありません。ただし脱税をしたマネーがタックス・ヘイブンに逃げたときは、マネー・ロンダリングの違法になります。しかも脱税マネーの所在もタックス・ヘイブンの政府と銀行が開示しない限り、もとの国にはわかりません。国内での摘発しか方法がないのです。

さっき入ったニュースでは、ドイツ・フランスが18年3月のアルゼンチンG20で提案するのは、**仮想通貨でのマネー・ロンダリング禁止への国際協力**のようです。仮想通貨そのものを禁じることはできないので、これも当然でしょう。この報を受けたせいか、1月24日の仮想通貨は少し上がっています。仮想通貨を売買している人は、世界の政府の規制に敏感です。自然の勢いなら上がる、しかし政府規制やセキュリティの問題が起こると下がるからです。

(6)経済大国の仮想通貨は価値固定、民間系は変動型になるだろう

前掲の図2に、政府系、銀行系、そして民間系の仮想通貨を含む、これからの通貨の種類を示しました。個人と企業から、それぞれに有利な仮想通貨が①**選択され**、②**併存し**、③**使われる世界**になっていくでしょう。

19世紀から20世紀の初め、**世界に中央銀行が作られ、法定通貨（FiatMoney）に統一**される以前の話です。国民は、国王や領主が発行する紙幣、銀行が発行する通貨、金銀銅貨、手形、小切手、タバコや皮革などの物品通貨等の多種の通貨を使っていました。

数多い種類の通貨の価値を評価したのが、銀行の先祖である両替商でした。西欧の都市国家では金細工師（ゴールドスミス）が金を預かって、預かり証を貸し付けるものでした。これが紙幣の原型（プロトタイプ）です。日本各地に名が残る銀座は、多くが大名の管理で金銀銅貨の鋳造、刻印、両替を行っていた場所です。「座」は商店であり、物々交換もしていた市場でした。その時代をイメージすればいい。

18世紀、19世紀の近代国民国家の成立のあとは、**統一政府への中央集権**になって通貨の発

行も中央銀行に集権されたのです。現在の法定通貨の制度は約１５０年の歴史しかありません。**空気のように当たり前になっている通貨の中央集権が仮想通貨によって変わっていきます。**仮想通貨のブロックチェーンを応用したフィンテックがもたらすインターネット時代の、歴史の必然的な流れに思えるのです。

経済大国の中央銀行系仮想通貨は、既存の通貨と交換レートを固定した固定型になるしかありません。**日本では「ＪＢ(Bank of Japan)コイン＝１００円」、米国は「ＦＥＤ(Fedearal Reserve)コイン＝１ドル」、ユーロは、「€コイン＝１ユーロ」、中国では「人民元コイン＝１元」**が考えられるでしょう。

同じ政府系でも、モデルとした『エストニア』などのタックス・ヘイブンでは、株価のように価格が変わる変動型も多いはずです。仮想通貨のＩＣＯでは、最初の配布価格と時価の間に、シニョレッジ(通貨発行の利益)が生じます。

米国、ユーロ、中国、日本のような**経済大国の中央銀行が発行する仮想通貨が変動型をとるのは難しい。**価格変動が大きくなると、仮想通貨で払う給料、商品価格、原価計算が日々変わって、経済の混乱が生じるからです。今日は１０００円だった。１か月後には20%上がり１２００円になったとなると安定した経営ができません。商品価格や給料もどうするかという問題も出ます。

通貨の基本3条件は以下です。

①**一般交換性**、つまり全部の商品とサービスが買えること、

②**価値を貯蓄**できること、言い換えれば大きなインフレにならないこと、

③**商品と労賃の計算尺度**になること、

ですが、変動型の仮想通貨はたくさんの店舗で使えるようになっても価格が変動して、②の価値貯蔵、③の計算尺度の機能が劣るからです。

経済大国の政府系仮想通貨は、既存通貨と1対1に価値を固定することになるでしょう。また高齢者には仮想通貨を使いたくない人も多いと考えられるので、紙幣をすべて仮想通貨にしてしまうことはできないでしょう。

わが国では紙幣が１０４兆円発行され、名目で５４９兆円のＧＤＰ（商品生産量：17年9月）に対する紙幣量は世界一です。ゼロ金利のため預金がタンス貯金というのも40兆円と多い。仮想通貨時代の紙幣は、銀行券の製造番号であるＳＸ６３７７７２Ｌが、秘密鍵のコードに変わるだけです。仮想通貨の公開鍵と秘密鍵が書かれた**ペーパーウォレット**（紙の財布）の形式です。後述しますが、秘密鍵こそがマネーそのものだからです。金額が固定される紙幣が残ることもあって、中央銀行系は今の通貨と固定レートにしなければならない。価値を固定する政府系

の仮想通貨は「インターネットで送ることができる電子マネー」という変化だけでしょう。

しかしこれは、**基軸通貨として外貨交換の媒介になっている米ドル**にとっては、大きな影響があります。端的にいうと、**年間1600兆円の世界貿易による需要があるドル買い**が減っていくでしょう。

仮想通貨では世界のどこへでもインターネットで即時に送金ができるので、160年続いてきた国際基軸通貨という概念がなくなり、消えていく可能性が高いのです。

経済大国の銀行系も、**交換率が固定された電子マネー型**が多くなります。貸付金や預金の価値変動が大きいと、困るからです。1億円借りたと思っていたら価格が上がり、5年で2億円になると、借り主は返済できなくなります。5000万円に下がることもあるでしょう。そのときは、銀行が破産します。銀行預金でも安定した金額の預金ができなくなってしまいます。

銀行系仮想通貨は電子マネーのようなものになるでしょう。この仮想通貨の1万円はいつまでも1万円ということです。仮想通貨と電子マネーの違いは、**仮想通貨がインターネットの分散サーバーの台帳で認証される**のに対して、電子マネーは銀行のサーバーだけで認証されることです。インターネットで国際送金もできません。

個人間または店舗との送受金のとき、スマホ、タブレット、PCとインターネットで行えるのが仮想通貨です。仮想通貨は**インターネット上の分散台帳にブロックチェーンとして存在**しているからです。英語では仮想通貨（バーチャルマネー）というより暗号通貨の意味をもつCryptocurrency（クリプトカレンシー）というのが普通です。仮想という日本語には「仮のもの、代わりのもの」というニュアンスがあります。仮想のもとになったのは英語のバーチャルですが、日本語の意味と逆です。

He is a virtual president.は「彼は（副大統領だが）実質的な大統領である」という内容です。つまり、仮想通貨は「**実質的に通貨の役割を果たす**」という意味合いです。アマゾンのような仮想店も「**実質的に店舗の機能を果たす**」という含意です。米国がインターネット店舗で先行した理由には、バーチャルが英語圏に通じる意味があったように思っています。

インターネットでは海外の仮想店であっても、国内であるかのように見ることができます。同じようにもともとインターネット上にあるICO型仮想通貨には、国内送金と海外送金の区分はありません。

銀行の国際ネットとコルレスバンク（外為送金の仲介銀行）を介せず、世界の貿易相手に、即時に送ことができる電子メールのように数秒から10分で届くのが仮想通貨です。現在の国際送金とL/C（信用状）は、かかる時間と手間で言えば、郵便に似ています。それが電子メールに代わると言えば、イメージができるでしょう。L/C(Letter of Credit)は輸出入のとき船荷証券(B/L:Bill of Lading)をマネーで決済する国際送金の仕組みです。

仮想通貨の二番手の**イーサリアムには、スマートコントラクト**という付加機能があります。商品の取引契約をブロックチェーンに自動保存する機能です。これは、国際貿易で商品の発送と支払いを確実にするため使われているL/CとB/Lの機能になります。宅配便の「到着時代金払い」の国際的な機能とまったく同じものです。インターネットが**ほぼ全領域の「通貨、金融、会計」をブロックチェーンに変える**ことが、スマートコントラクトを見るだけでわかります。利便性は、①貿易決済と国際送金の手数料が100分の1くらいに下がり、②しかも代金の授受がコンビニで買うように即時化することです。仮想通貨は、国際的な商品の流れを大きくすることもわかるでしょう。

【価格変動の大きさは使うときの障害にはならない】

民間系の仮想通貨を店舗や国際送金の通貨として使うとき、価格変動の激しさが問題になります。それでも**入金された瞬間に自国通貨へ交換する仕組み**により、1日に10%も価格が変わっても、価格変動のリスクは0・1%未満に減らすことができます。

仮想通貨取引所大手のビットフライヤーは、わが国でビットコインを使うことができる店舗やレストランが2018年には20万店に増えると予想しています。経産省の商業統計では、500平米を超える大型店は全国で2万4000店ありますから、その8・3倍です。ただし店舗で使われる仮想通貨がすぐに増えるわけではない。仮想通貨を買った人の多くにとって現在はまだ、株式のような金融商品だからです。

価格変動が大きなビットコインを受けとる店舗では、電子マネーのように、「受けとるとすぐに円と交換するシステム」を導入しています。このおかげで仮想通貨の価格変動は、影響がなくなります。もちろん、円と交換しないでビットコインのままもっていてもいい。これは店舗が選択します。

輸入代金としての国際送金のときも、これと同じです。仮想通貨を受けとった側で、すぐに自国通貨と交換する仕組み（アプリで自動化）で、仮想通貨の価格変動は回避できます。変動の大きさは、使うときの障害にはならないでしょう。

銀行の国際送金システムを使ってドルで送金したときは、1日から1週間もかかります。その間、ドルの価格変動リスクを抱えます。これは意外に大きく、1週間では2・2％です（18年1月）。国際基軸通貨のドルでの送金に比べて、**仮想通貨を使ったときの変動リスクは**

低く抑えることができるのです。

われわれが使うときのイメージは、ポイントカードやクレジットカードです（財布の中に10種類以上いれている人も多い）。ポイントカードも電子化されているものは「特定の店舗で割引する電子通貨」と同じです。この店は、スマホのウォレットの中のドルの仮想通貨で払えば1FEDドル、円なら110JB円、e-クローナなら8クローナ、ビットコインでは0.0001BTC（ビットコイン）という感じでしょう。使うときの交換率はスマホの外為相場と仮想通貨アプリが、自動的に出してくれます。このアプリを作るのは簡単です。

混乱するように思えますが、1990年代からインターネット時代に入り、PCの電子メール、スマホのツイッターやメール、ショートメール、多種のSNSができたあと、個人の情報伝達に混乱は起こらず、逆に豊かになって多様化しています。画面には、メニューは20種以上もあり、使う多数派と使わない少数派に分かれています。当方もPCのメールは頻繁に使いますが、スマホメールはほとんど使いません。どちらも基本の仕組みは同じですが、画面タッチでの入力がどうにも苦手です。

短時間でも数千円、1時間なら数万円と高かった固定電話での国際通話は、ほとんどなくなっています。海外のTV中継もインターネットのリアルタイムの動画アプリにより、個人でもできるようになりました。70歳のトランプ大統領ですら、巨体で、小さなスマホのツイッターを使っています。多くの子供たちの理想の職業は、You Tubeで動画を世界に見せて広告料を得るユーチューバーです。２０１０年からの世界は大きく変化しています。

以上の社会的な変化は、世界的に視聴率が低くなっている地上波のＴＶと購読数が大きく減った新聞のように、国際基軸通貨であるドル需要の低下を示唆することです。

仮想通貨になったあとの銀行の凋落（ちょうらく）は、現在の紙メディアの没落にも似ているでしょう。世界中の銀行は、これから社員数が3分の1以下に向かう大リストラ期を迎えます。仮想通貨があれば、融資以外の銀行機能は次第にいらなくなっていくからです。決済や送金は、個人～個人、企業～企業、企業～個人間のインターネットで行えるからです。預金も、個人や企業の「ウォレット」になっていきます。

店舗のレジも今のＰＯＳから、ウォレットのアプリになります。アマゾンが実験している「Amazon-Go」のような、**ＡＩ（人工知能）無人店**も増えていきます。コンビニやドラッグストアでも、ＡＩの無人店が増えるでしょう。店舗コストが下がり、価格を安くすることができるからです。仮想通貨はＡＩ店によく馴染みます。以上のような、電子技術による時代変化があるのです。インターネットの仮想店ができたときように否定的に見るのではなく、「自分が行う」と**時代変化の先頭に立つ気概**がこれからの事業の成功の秘訣（ひけつ）でしょう。仮想通貨+フィンテック+ＡＩによる、あらゆる事業の変化が起こるのが２０２０年代だからです。

人類の歴史で言えば、**中央銀行が統一した法定通貨を出してきた19世紀の後半から今までの１５０年が異常な時代**だったのでしょう。われわれは、通貨の多数併存の時代に向かっています。

アマゾンが出たばかりの１９９５年ごろ、それをモデルにインターネットの仮想店の機能設計に従事しました。まだ「楽天」がなかった時代です。しかし、自分では行わなかった。三木谷氏は行いました。悔やまれます。仮想店の将来を、心の底では信じていなかったからでしょう。仮想通貨も同じに思えます。**見えない将来を信じるか、懐疑をもって傍観するか、**ここが分岐点です。

まだ起こっていない未来は、人びとのイマジネーションの中にしかありません。事業では、**ビジネスモデルの構想力**です。スマホで観られるリアルタイム動画配信のアベマＴＶは、地上波のテレビに代わっていくでしょう。ラジオがテレビに代わっていった時代（１９６０年代～）を思い起こせばいい。固定電話がまずは携帯（２０００年～）に、次は多くのインターネットアプリがはいるスマホになっていった時代（２００８年～）をイメージすれば、時代変化ということがわかります。

仮想通貨ではスマホが財布です。これは中国の電子マネーの普及のイメージです。中国では、屋台や市場の農民店ですら、ほとんどが電子マネーでの価格の二次元コードを表示しています。タクシーはもちろん電子マネーです。最近の5年で、中国に行く日本人がびっくりするくらい人民元の電子化が進んだのが中国です。わが国ではデフレ経済が最大問題と言って、うかうかしている間に中国は、インターネットの利用で日本の5年から10年先を行っています。店舗での支払いの近未来は中国にあるといえるくらいです。

【民間系仮想通貨の価格変動】

先に示した民間系の仮想通貨は、ビットコインやイーサリアムのように価格が変動するものになるでしょう。価格が変わるのは株価と同じですが、マネーですから国内と世界で使える**「新しい国際通貨」**と見たほうが近い。

普及が拡大し、世界からの売買の規模が大きくなると、金（ゴールド）のように、価格変動率は1日1％に向かって低下していきます。金は1日平均で1200億ドル、円では13・2兆円という大きな取引があります（WGC：2010年）。

ビットコインは、取引額が急増して価格が高騰した17年12月でも、売買額は1か月で1兆円、1日平均では300億円程度です。世界の仮想通貨の全体でも1日700億円です。これは現在の、世界の金の取引額の0・5%、200分の1にすぎません。金融取引の全体から見ればインクの一滴です。

金の価格変動率（ボラティリティ）は1日で1・1%、20日間（1か月）で6・2%、40日（2か月）で10・3%です（18年1月：第一商品）。今日の価格に対し、1か月で「±6・2%以内」の価格の日が68%（20日）、「±6・2%以上」の日が32%（10日）という意味です。

ビットコインのボラティリティ（価格変動率）は、米国で先物が上場されたあとの①17年12月、中国、韓国での規制、②ドイツ、フランスの国際規制の提案のニュースがあった18年1月から特に大きくなっています。17年12月は1日で5%付近（1か月では4・5倍の22・5%）、1月では7・5%（1か月では4・5倍の33・8%）です。低い時期は2・5%でしたが、それでも金価格の変動率の2・5倍でした。今後、2018年は1日「±3・5%程度」（1か月15・8%）と見ておいていいでしょう。これは2か月で「±22%」、1年で「±55・4%」になります（https://www.buybitcoinworldwide.com/ja/volatility/）。

これでも価格変動の幅は大きい。しかし政府の中央銀行系、銀行系、民間系の多種の仮想通貨が併存する時期にはビットコイン、イーサリアム、リップルの価格変動も小さくなっていくでしょう。２０１８年、19年は価格変動が大きくなり、普及が広がる２０２０年ころには安定すると予想しています。

【盗難事件のあとは仮想通貨テザー（Tether）の問題か？】

テザーという仮想通貨があります。トークン（代替通貨）を発行し、「1テザー＝1ドル」を発行元が保証しているものです。**ドルリンクの仮想通貨**と言っていい。18年1月末で22億８０００万テザー（22億８０００万ドル）が発行され、ドルリンクの安心感から買われています。２５０８億円相当を集めています。1か月で8億５０００万テザー（９３５億円）の速度で増えてきたのです。価格は、1テザーが1ドル。銀行が発行する電子マネーにも近い。

しかし現在、テザー社には、発行額の22億８０００万テザーに相当する22億８０００万ドルの通貨資産がないのではないかという疑惑が生じています（18年2月1日）。集めた米ドルと仮想通貨で、ビットコインを多く買っているようです。ところがビットコインは、17年12月17日の２２２万円から92万円へと41％に下がっています（18年2月9日）。急落の原因は３つです。

①中国、韓国の規制強化での買いの減少、
②ドイツ、フランスが3月のG20で国際的な規制を提案するという懸念、
③コインチェックで起こった580億円のNEM（ネム）の盗難で、取引所のセキュリティの弱さが明らかになり、仮想通貨のインフラの信用が低下したことです。

高いときに買ったビットコインが多いと、59％の下落が債務超過をもたらしている恐れがあります。テザーで「ドル交換への取りつけ」が起これればドルが不足し、即日に破産するでしょう。そのときは、ビットコインも大量に売られて、仮想通貨の全体に及ぶ市場崩壊が起こるのではないかとも憂慮されています。

預金通貨を発行している現在の銀行システム自体も「預金の取りつけ」が起これば、一夜で破産します。三菱東京UFJ銀行でも、資産は債券、貸付金、外貨資産になっていて、預金を払い戻す円はもっていないからです。銀行システムの本質は、預金の運用に対して預金者が寄せる信用で成立するのです。テザー社では、その信用が壊れる可能性が出ています。ビットコインの価格が上がれば大丈夫でしょうが、下がれば保有国債が下落した銀行のように危なくなります。**銀行システムは預金の増加を前提にしたもの**です。このため預金が減少すると、多くの場合、銀行危機になります。

近い将来どうなるかは、2500億円買っている投資家の共同心理に依存しています。ウイルスのように人びとに伝播する心理の動きを予想するのは、難しい。信用の雪崩は、雪の一片からも起こるからです。

米ドルとリンクしたテザーは、中国の富裕者が多くを買ってきたと言われています。人民元で買うと、ドルを買ったときと同じように「テザーの買い／人民元の売り」になるので、人民銀行が増刷している人民元は海外に流出します。**中国政府が常に恐れるのは、人民元の海外流出**です。中国がたびたび仮想通貨を規制する理由は、民間の人民元の海外流出に歯止めをかけるためです。規制の回数が多いのは、抜け道が大きいからです。中国では、取引上の規制のため、香港経由でテザーが1日平均100億円買われて、「テザー→ビットコインへの変換」もあったという報告があります。

中国人は外見では、絶対王朝の共産党政府に従います。しかし党の幹部層でも本音では、政府を信用していないように思えるのです。共産党の幹部が日本の独立行政法人に似た国有企業のトップになっています。北京閥と上海閥の間での外部には報じられない抗争、粛清、腐敗の摘発合戦が今日も続いています。習近平政権下で130万人の幹部が腐敗や不正で摘発されています。この点、表面では政府を批判しても、本音では信用している人が多い日本人とは真逆です。

仮想通貨では、

①盗難事件のコインチェックに類似した、**取引所のセキュリティ問題**と、

②テザー社に似た**発行元の資産への信用問題**から、

50%くらいの価格崩壊期を迎えるときが、幾たびかあることを想定しておかねばならない。

その下落を買いの機会と考えるか、売って逃げるかです。この判断は、投資家の個人にかかっています。

第2章

ブロックチェーンによる通貨・金融・会計の革命

(1)通貨と金融革命の前夜

最初、一過性と思えるところもあった仮想通貨を調べる過程で「**大変なものだ**」とわかってきました。世界の通貨と金融の土台に大きな変革をもたらすでしょう。実は２０１５年ごろ、すでに方向が決まっていました。

中央銀行と大手金融機関では09年のビットコインの誕生からの研究が終わり、非公開の研究としてブロックチェーンの実験が行われていたからです。ビットコインが通貨を制覇するということではありません。**ブロックチェーンと認証の仕組み**が仮想通貨になり、金融と会計全体のフィンテックにもなっていくということです。

世界の中央銀行の研究・実験は公表されていません。日銀では今でも秘密プロジェクトですが、新任の雨宮正佳副総裁は「ブロックチェーンの研究は十分行っている」と公式に表明しています（18年3月）。ＦＲＢ（米国中央銀行）とＥＣＢ（欧州中央銀行）でも同じです。それまでは１６３７年11月のオランダで始まり２００倍以上に上がって、翌年2月から5月に突然終わったチューリップ球根バブルのように、投機的なものというコメントしかなかったのです。１年で20倍や１００倍にも上がっていた仮想通貨の価格には、確かに一過性のバブルがありました。しかし仮想通貨を作った技術、**分散台帳のブロックチェーン技術**は、21世紀の通貨と金融の道を拓(ひら)くものだったのです。

IMF(国際通貨基金)のラガルド専務理事だけは、2017年10月に公式の場で「**仮想通貨は通貨に革命をもたらし、銀行システムは大きな変更を迫られるだろう**」と述べ、覚醒(かくせい)が遅れていた世界の銀行トップを驚かせたのです。世界の金融トップで仮想通貨に近い将来の可能性を強く認めたのは、クリスティーヌ・ラガルド氏が最初です。

一方、わが国の大手銀行は、2018年を元年として仮想通貨発行に進んでいます。**①三菱UFJグループがMUFGコイン、②SBIホールディングスはSコイン、③みずほとゆうちょ銀行はJコイン**。いずれも円と交換レートを固定した電子マネー型です。仮想通貨と電子マネーは、ブロックチェーンによる認証方式に違いがあります。形態は同じ電子ですが、別物です。

IMFは国際通貨である**通貨バスケット(主要通貨の加重平均)のSDR(特別引き出し権)**を仮想通貨にすることを検討するという。国際通貨とは法域(国境)を超える通貨です。現在160円くらいのSDRは通貨危機の国に融資する形で、中央銀行と政府だけが使っています。民間は使うことができません。世界が優先して国際通貨として貿易に使うべき通貨は、ＳＤＲではなく米ドルだとされているからです。

人民銀行（中国の中央銀行）**の周小川**（しゅうしょうせん）**総裁**はリーマン危機直後のＧ20（20か国の蔵相・中央銀行総裁会議：09年）で、**「サイクル的に下がるドルではなく、ＳＤＲを基軸通貨**（Key Currency）**にすべきだ」**と提案しています。しかし米ドルが基軸通貨の特権（国際的なシニョレッジ）を失うことの遠慮から、各国の賛同は得られていません。米国はＯＥＣＤ39か国（西側先進国）を支配しています。その基盤が集団自衛のＮＡＴＯ（北大西洋条約機構）です。軍事は経済よりも重く、国際政治の基礎になるものです。

仮想通貨を調査して考え、ビットコインが世界の通貨を席巻するという方向を感じたのではありません。見えたのは、**ブロックチェーン技術**が数年で中央銀行系と銀行系の預金通貨にも使われ、仮想通貨が発行される道筋です。

ブロックチェーンは**「圧縮された過去の取引履歴＋最新の取引履歴を暗号化したもの」**です。これを、インターネットの6台以上の分散サーバーの台帳の一致から通貨の取引履歴（トランザクション）を認証する技術により二重にセキュリティを強化し、改ざんができないようにしたものです。

ブロックチェーンの1個1個は、**取引者のウォレットのアドレスの時系列の記録**です。改ざんができなくなって、通貨としてのもっとも重要な条件を獲得したのです。

偽造できるものは通貨になることができません。1万円札のコピーを考えればわかるでしょう。印刷された紙幣をお金にすることができたのは、インクと印刷技術の高度化によってです。暗号が通貨になったのも、**偽造をほぼ100％防ぐ技術**によってです。

ブロックチェーン（コインの所有権移転の履歴）は、ビットコイン以外のアルトコインにも採用されています。金融用語でのアルトとは**アルタナティブ**（alternative）、つまりビットコインの代替通貨という意味です。いずれも**分散認証方式の仮想通貨**です（なおアルトはオルトとも呼ばれています）。

リップル（時価総額17兆円）、イーサリアム（同13兆円）、ビットキャッシュ（同5兆円）などです。グラスコイン（草のように群生する仮想通貨）を入れると、ドルリンクのテザーを含めて1450種も登場しています。

図3には、時価総額（発行量×市場価格）の10位までの民間系仮想通貨を示しています。時価総額、発行上限または発行枚数、価格、1日当たりの価格変動率（ボラティリティ）、管理台帳の形態です。時価総額は、日々5％から10％変化していますが、18年1月30日で揃えています。

民間系の仮想通貨に対しては、**①価格の乱高下**（ボラティリティの高さ）、**②マネー・ロンダリング**（密輸も含む不正な海外送金）、**③新規発行で利益を約束する詐欺のICO（新規仮想通貨の販売）**もあることから、17年9月から取引所を禁じた中国と、それに続く韓国だけではなく、ドイツやフランスでも政府が規制をする動き

図3. 民間系の仮想通貨（時価総額上位10通貨）

2018年1月30日時点（各所から筆者調べ）

仮想通貨は1450種あり総時80〜100兆円、
少額所有を含むと世界の1350万人がもっていると言われる。

名称	時価総額	発行枚数または発行上限	1月30日価格	価格変動変動率／1日	管理台帳（オープンはマイナーの自由参加：クローズドは中央管理者の認定参加）
ビットコイン（BTC）	20.1兆円	1679万枚	118万円	5%〜9%	オープン分散型台帳の草分け
イーサリアム（ETH）	12.3兆円	9900万枚	12.5万円	14%〜18%	オープン分散型台帳
リップル（XRP）	5.3兆円	1000億枚の上限枠	131円	5%〜9%	リップル社（金融機関のようなクローズド型分散台帳）
ビットキャッシュ（BitCash）	3.0兆円	1690万枚	17.6万円	5%〜9%	ビットキャッシュ社（クローズド分散型台帳）
カルダノエイダ（ADA）	1.5兆円	311億枚	59円	20%〜	分散型台帳
ライトコイン（LTC）	1.1兆円	5500万枚	1.9万円	10%〜	分散型台帳
ネオ（NEO）	1.1兆円	6900万枚	1.6万円	20%〜	分散型台帳
ネム（NEM／XEM）	8500億円	90億枚	94円	20%〜	分散型台帳
ダッシュ（DASH）	6400億円	7900万枚	8.1万円	20%〜	分散型台帳
モネロ（MONERO）	5200億円	1600万枚	3.2万円	20%〜	分散型台帳
キュータム（Qtum）	3300億円	7670万枚	4300円	20%〜	分散型台帳

があります。ドイツは、意外に仮想通貨の売買が多い国です。

ただし、**本質的に国境を越えるインターネット通貨の規制**は、タックス・ヘイブン(合法的な租税回避地)がある中では難しい。グーグルで全文検索するような、時間が遅れる情報検閲しかない。**米国のFBIと中国の人民解放軍は電子メールの監視、検閲**を行っています。

⑵政府規制による仮想通貨の価格下落

現在の民間系仮想通貨にとっては、**各国政府がどんな規制をするか**が、大きな問題です。本項では、政府規制がどんなものになるか、あるいはなり得るかを見ます。

各国から規制されるものは、以下の3つです。

①**取引所の免許制とハッキングから守るセキュリティの強化**。仮想通貨そのもの、つまりブロックチェーンの改ざんを防ぐセキュリティは強固です。しかし取引所のシステムには手軽さを優先し基本的な防御策をおろそかにしたため、脆弱なところがあります。これが原因で取引所に預けた仮想通貨の秘密鍵を盗まれる被害が多い。

②根拠が薄弱な団体、あるいは詐欺を目的にした集団が発行するトークン（新規の仮想通貨）を買わせるICO（Initial Coin Offering）の禁止。「大きく儲かる」と勧誘して買わせるものです。２０１６年から17年に中国では、利益を約束するICO、つまり詐欺を目的にした仮想通貨の発行により、お金を集めたものが約１００件報告されています。２倍から20倍に上がるという嘘の約束をして、現金や別の有効な仮想通貨で買わせるものです。

新しい仮想通貨の発行は違法ではありませんが、果たせない利益の約束をしてお金を集めるのは詐欺です。中国政府の調査では、ICOのうち有効性があるものは1件しかなかった。仮想通貨そのものがなく、マネーの受け取り口座しかないものが混じっていたのです。

中国や韓国政府が禁じるのは、詐欺のICOです。しかし取引所では区別せず、買われるものも多いため、取引所の全面禁止になっています。中国以外の国が規制するときも、詐欺的ICOの禁止が目的であることが多い。

詐欺的なICOの禁止を、仮想通貨そのものの禁止と誤解しないように注意してください。メディアの報道には仮想通貨を売買する商店である取引所の規制も、仮想通貨の使用禁止と誤って報じることが多いからです。

③脱税の防止のために、履歴をたどることができるよう**個人IDの取引所への登録を義務づけること**（日本は「改正資金決済法」で17年から実行）まででしょう。

マネー・ロンダリングとは脱税のことです。仮想通貨のブロックチェーン（所有者の移転の履歴）には、その所有者のウォレット（仮想通貨の財布）のアドレスが取引（トランザクション）の履歴としてつながっていきます。

取引所に個人IDが登録されると、取引所で買ったコインに、売買または送金した人のウォレット（仮想通貨の財布）のアドレス番号（口座番号）がつくので、匿名（とくめい）ではなくなります。ただし取引所に個人IDが登録のない個人間で送金を受けるか、または買った場合はこの限りではありません。

取引所での**個人ID（個人が特定できる証明書）の登録を義務づけた日本**以外の世界では、まだ、ウォレット（仮想通貨の財布／金庫）のアドレス（口座番号）と個人のIDは、紐付け（ひもづ）けがされていません。

17年4月に、日本政府が仮想通貨を商取引の決済（代金の支払い）に使うことができる通貨として認めると同時に、世界ではじめて取引所での個人IDの登録を義務づけています（「改正資金決済法」）。

そのあとの日本では、口座への個人ＩＤの登録があるので、国税庁（国家の税務署）が誰かに目をつけて取引所を調査したときは、銀行預金のように履歴をたどって、国内で1年に20万円以上の利益が発生していれば、雑所得（正業以外からの所得）として課税します。ただし**タックス・ヘイブンへの送金マネー**の域内での投資利益に対しては、国税庁も課税はできません。国内に戻ったときに課税対象になります。

仮想通貨のブロックチェーンは、取引のアドレスの履歴です。取引所への口座開設時に個人のＩＤ登録をしていると、国税庁が取引所のデータを得た場合、通貨の移動歴をすべてたどることができます。

ただしそれ以前の口座と、海外の取引所の口座で買った仮想通貨のブロックチェーンには、ウォレットの口座番号のつらなりはあっても、誰であるかはわからないことが多い。前掲図3のモネロのように、**意図してアドレスがシャッフル**され、取引履歴が消えるものもあります。この場合、マネー・ロンダリング（不正な脱税）をしても、通貨の履歴はわからなくなります。

価格が変動する民間系仮想通貨（ビットコインやイーサリアムが代表）を政府が禁じることは、同じ金融商品の範疇（はんちゅう）であり、市場で価格が変動する株式や外為市場の外貨の取引も禁じることにつながるので、世界の政府は実行できないことは前述のとおりです。

仮想通貨はインターネットで送信でき、政府規制の外を流れる国際通貨になるからです。

以上から政府規制の可能性は、

①取引所のセキュリティの強化、
②発行母体の経済的な条件、
③マネー・ロンダリングの規制

に限定されるでしょう。

⑶資本の自由化をした国では、仮想通貨の使用を禁じることはできない

仮想通貨の使用を禁じるのは、外貨の売買の規制をしている中国や韓国など以外の国では難しい。世界の貿易と国際金融を支えている、**資本の自由化**（外貨が自由に買えること）に反するからです。韓国では外貨の売買は原則的には自由ですが、政府への申告と許可が必要なケースを銀行が判断しているので完全な自由化でありません。

資本の自由化とは、海外資本の会社を作ることができることだけではない。国内での外貨

の売買に対する、金額の制限や規制がなくなることです。

資本とは、マネーです。主要国では、資本は自由化され、世界の経済取引と金融の体制を支えています。外貨交換ができないと、世界に対する金融鎖国になります。北朝鮮は今、西側主要国からは**金融封鎖**を受けていて（対中国は不明）、スイスを含む海外預金の引き出しと貿易決済ができなくなっています。北朝鮮のような貧国への道が金融鎖国です。

２０１２年に日本を超え、世界2位のＧＤＰになっても、まだ**資本の自由化が果たせていない中国**では、外貨（ドル、ユーロ、円、ポンドなど）の売買額に政府の規制があります。人民元で大量に外貨が売買されると、人民元の変動幅（ボラティリティ）が拡大し、輸出依存の中国経済が不安定になると政府が考えているからです。中国政府は、常に人民元の海外流出を恐れています。

日本は、経済力がついた１９８２年から87年に外貨規制を廃止しています。人民元の国際化は中国の悲願ですが、政府はその実力がないと考えているのでしょう。このため人民元の海外流出になる仮想通貨の買いと使用を禁じたのです。中国政府は、人民元をコントロール下に置きたい。**仮想通貨の取引を中国や韓国が禁じるのは資本規制**のためです。中国政府が決めている人民元の変動幅は、１日２％以下です。これ以上変動する日は、人民銀行がドルまたは人民元の売りで介入しています。前場で日経平均が１％下げると、午後１時から数百億円の株ETFの買いをいれて上げる日銀と同じです。

２０１６年から17年には、世界の90％もの仮想通貨を買っていた中国が詐欺的なＩＣＯの撲滅をねらって、取引所とマイニングを禁じたのは17年9月でした。

国内の取引所が禁じられても、

①海外にある仮想通貨の取引所での売買、

②海外にサーバーを置くことによるマイニング（仮想通貨の発掘）と認証、

③個人対個人での売買

というダダ漏れの抜け道がいくらでもあります。

事実、中国からは日本人の知人への仮想通貨の売買の依頼が多いという。

国内も海外も銀行を通じて送金しなければならない既存通貨（フィアットマネー）と違い、インターネット上の仮想通貨は、財布のアプリをスマホに入れておけば電子メールのように個人への送受金ができるからです。麻薬のように世界が一斉に禁止しない限り、規制できないのが仮想通貨です。

麻薬取引にも、当局から捕捉されない仮想通貨が使われているようです。

麻薬は医師が処方できる医薬でもあるので、世界全体では1年に1・5兆ドル（１６５兆円）の貿易があります。日本の総輸出入額より大きい（１３０兆円：16年）。世界の貿易

財の1位が石油、2位が兵器、3位が麻薬です。

イスラム原理主義の教えから金利を禁じているタリバンのアフガニスタンには、①原油輸送のパイプラインもあり、②アヘン・ヘロインの生産では世界一です。ソ連崩壊のきっかけにもなったアフガン侵攻（1979〜89年）と、その後の米国の侵攻（2001年〜）となる原因は、原油輸送と麻薬の富です。戦争は、富と領土の争奪だからです。

仮想通貨で問題になるマネー・ロンダリングの主なものは、**①麻薬、②兵器、③処方医薬、④輸入禁制品、⑤関税逃れの取引**から来ています。関連して言えば、イギリスが中国に仕掛けたアヘン戦争は有名です（1840〜42年）。アヘンを売った商社は、ロスチャイルド家の世界商社ジャーディン・マセソンでした。植民地時代の英国はアジア、中東、アフリカに対し、富の搾取（さくしゅ）のためひどいことをしています。

17年の9月には、政府の取引所とマイニング（新しい仮想通貨の発掘）の規制で、中国人の買いが減ったビットコインは1BTCで50万円付近から43万円に下がっています（17年9月14日）。その前の4月には、日本が仮想通貨の使用を公式に認めました（改正資金決済法：17年4月）。このため17年7月から規制を受けた中国人に代わって日本人と米国人の買いが増えて、17年12月17日のピークでは、222万円に上がったのです。

こうした価格の騰落の原因は、50％や70％の暴落のあとを買いの機会としてねらっている個人投資家が世界に多いからです。少数者は**「仮想通貨は近い将来、利用が世界に広がる。下がったときは買いのチャンス」**と考えているのです。

99％の多数者はこの9年、知らないか、知っていても無価値、あるいはバブル価格としてきました。1万円のときは無価値とし、10万円、50万円、200万円ときても、いずれもバブルと見るのが多数派でした。国民の1％のグループでしかない少数派が将来の価値が上がると考え、買ってきたのです。**どちらが正解か。**仮想通貨が3年後、あるいは5年後や10年後に、今より多く使われるかどうかにかかっています。

仮想通貨の取引者は、18年1月では世界で1350万人と言われています。そのうち日本人が125万人で世界の約9・3％、国民の1％です。これは取引所の国内口座数から名寄せ後の推計です。この1％という数字は、仮想通貨のように近い将来の普及が広がるものの場合、意味をもちます。

【革新的な商品についてのイノベーション理論】

家電や電子機器の普及で広く見ることができる**イノベーションの経験的マーケティング**は

以下の5段階です。

①イノベーター 2・5%（革新層：オタク系が含まれる）
②アーリーアダプター 13・5%（新しいものが好きな層：ブーム期）
③アーリーマジョリティ 34・0%（慎重なグループ：定着期）
④レイトマジョリティ 34・0%（懐疑的グループ：普及拡大期）
⑤ラガード 16・0%（もっとも遅れる超保守層）

仮想通貨も、このイノベーション曲線のような普及過程をたどるだろうと見ています。現在が1%です。2・5倍の人口に該当する2・5%の初期イノベーターになるまでは、懐疑と反対の動きが起こるのが常です。アップルのようにマウスで操作するWindows 95が出た95年からのインターネットの初期も同じでした。

18年1月末は、フランスとドイツが3月のG20で規制の提案をするというニュースから下がっています。**各国の政府規制と盗難事件**が価格変動が大きくなっている原因です。仮想通貨の売買では、2017年は40%から50%を日本人が占めていたので、日本の取引所であるコインチェックの盗難の影響が強くなっています。

強気なイノベーターたちは、**「否定的なニュースを載せて、上がりすぎの価格を下げてくれ」**

とメディアに述べます。1450種の中から将来、価格が数十倍、数百倍に上がる潜在力が見込める仮想通貨を探し、買い集めるためです。このごく少数のグループは、**「仮想通貨の時代」**になる歴史的な流れがあると見ているからです

第3章

仮想通貨はセキュリティから見ると理解できる

(1)暗号が通貨になった理由

価値を運ぶ媒体（Vehicle：車）になり、貯蓄できる通貨の4条件は、

①偽造ができないこと、

②価値が信用できること、

③長い間貯めても変質しないこと、

④かさばらず分割できること、です。

古代から世界中で通貨として使われた金（ゴールド）は、この条件を見事に満たしています。①錬金術はない、②人びとが珍重する、③化学変化しない、④分割できるからです。紙幣は偽造ができず、金額を書けるため通貨になっています。

現在の紙幣は、**法定通貨**（フィアットマネー）です。政府は法で商品とサービスの代金として受けとることと、法定通貨での税の支払いを強制しています。法定通貨の信用のもとになっているのは、国家・中央銀行が通貨の発行と管理を**「国民に対する正義」**で行うはずだということからです。国家が通貨の信用のバックになっているという言い方は、あいまいです。通貨の信用は、**「国家・**

中央銀行がインフレを引き起こすような悪意をもった通貨の増発はしない」というものだからです。

世界の中央銀行が組織として国民に対する使命（ミッション）の第一項に**「通貨価値の安定」**を掲げるのは、このためです。通貨の価値を安定させることとは、中央銀行以前の政府通貨（日本では藩札）のような、インフレを引き起こす増発はしないという宣言なのです。

インフレとは、国民経済（付加価値の合計額がＧＤＰ）の大きさに対して過度な通貨の増発をして、通貨1単位の価値、つまり**商品と資産の購買力を低下**させることです。

近い歴史では、通貨を増発した１９８８年のアルゼンチンは５０００倍のインフレ（通貨の価値は５０００分の1）を、ブラジルは１９８６年から94年までに2兆７５００億倍のインフレを引き起こしています。ロシアはソ連崩壊後の１９９２年から最終的には１０００倍のインフレでした。ユーゴスラビア、コンゴ、トルコも同様です。ジンバブエでの２００８年のインフレは、第一次世界大戦のあとのドイツのように1兆倍でした。２０１３年はイランが32％のインフレでした。現在はベネズエラです。8年間で物価が20倍に上がっています。日本では、72年前の敗戦後に３００倍のインフレでした。

国家・中央銀行が通貨発行を、

・**負債が大きな政府に対する正義**により増発し、
・**国民のもつ預金に対して不正義**を行ったときにインフレが起こり、通貨価値は下がります。

インフレは通貨価値の下落です。インフレになると政府の負債の実質額が減って、国民の預金の実質的な価値は減少するからです。こうした国家は、国民から信用されません。国家への国民の信用の第一に来るのが通貨価値への信用です。

信用（Credit）**するという心の働きは、人間に特有の心理的なもの**です。学習力が弱く、本能で動く動物は、信用という観念をもちません。通貨の信用は、自分をとりまく社会の人びとが信用するということから、相互作用で獲得されたものです。つまり1万円と印刷された紙を、1万円の価値を運ぶものとして受けとる人が国民全員だから、1万円札は価値をもつことができます。情報が遮断されたアマゾン奥地では、100ドル札や1万円札は単なる紙としか見ないでしょう。

1万円札は、金のようにそのモノが1万円の価値をもつものではなく、**1万円という観念**（イデア）**的な価値を運ぶ媒体**（Vehicle）です。媒体はヴィークル、つまり車です。価値は1万円札自体ではなく、価値を運ぶ媒体にすぎないから、ほかのものでも代用できます。仮想通貨になっても、価値はその暗号ではなく、暗号が運ぶ観念的なものですから、電子媒体でもいいのです。

1万円という価値は、他の商品でも表すことができるので、商品と1万円札の交換が行われます。無人島では資産の所有権者が存在せず、商品もないので、1万円札も仮想通貨も無価値になります。猛獣に100万円の札束を渡しても、攻撃をやめてくれません。金（ゴールド）も食べることができる1粒の木の実より価値が低いのが、無人島です。

マネーは、商品を生産する社会があってはじめて商品と交換され、価値を運ぶことができるものになります。お金の価値は頭の中の観念的なもの（イデア）であり、形而上学的（メタフィジックス）です。

日本人は窓を、「窓」という漢字で表す象徴的な観念としています。言葉は、文化が共通の社会でのみ意味をもちます。社会の約束ごとであるマネーも、商品価値を金額で表すものです。マネーは価値をもつ商品を、言葉は意味を伝える社会を求めるのです。

【英語では暗号通貨】

仮想通貨はCrypto-Currency（暗号通貨）です。これを通貨つまり価値を運ぶ媒体として人びとが信用したのは、**①偽造できない、②貯めても変質しない、③分割性がある**からです。

ビットコインが登場した2009年に、暗号に通貨の価値を認める人は、開発プロジェクトの数十人でした。配布を受けた翌年、はじめて使われたときは、ピザ2枚が2万BTC（ビットコイン）でした。1単位は0・1円でしかなく、ほぼ無価値でした。信用するグループが大きくなったことによってビットコインを買う人が増え、価格は上がってきたのです。

ビットコインは一時、日本人の買いで200万円を超えました（17年12月17日）。その後も価格は乱高下し、今日は43％減の116万円です（18年2月18日）。1月から大きく下がっています。市場崩壊も言われますが、買ってきた人は将来の価値を認めてきた少数グループです。

17年12月10日から、**シカゴ先物市場（CME）に上場されたビットコインの先物の売りを主因にして大きく下げています**が、先物は3か月後が多い限月（反対売買の期限日）までに、買い戻されねばならないので、3月、4月に向かって上げる可能性もあるでしょう。先物の導入により、**ヘッジファンドと大口投資家が仮想通貨の売買に参入**したのです。仮想通貨の市場は、株式市場の10分の1もないので市場操作ができます。

信用する人びとのグループが大きくなってきたことから、買っていないグループでも通貨として認める人が多くなってきました。それが世界での使える店舗の増加です。民間系の仮想通貨ではまだほとんど価格がついていないグラスコイン（雑草のように群生する仮想通貨）を含むと、種類が1450種に増えています。そしてグラスコインの多くは、買われずに消えるでしょう。

それでも政府や中央銀行ではなく、個人や団体が他の人びとが価値を認めて使う通貨を創造できるということは、革新的でした。

【オープンなインターネットでの誰もが読めない送受金】

通貨として広がってきた理由として大きなものは、①偽造ができないこと、②コミュニケーションの欠かせないメディア(情報を運ぶもの)になったスマホで送受金できるようにしたことです。スマホはインターネット上の、高性能なタッチパネル・コンピュータです。

インターネットはオープンな通信です。簡単な暗号はハッキングされます。改ざんしてニセ情報になると偽金ですから、信用(Credit)されるマネーにはなりません。

人民元のニセ札は、実は20%と推計されています。少なからぬ店舗のレジに、判別のための紫外線ライトがあり、100元を受けとると店員が透かしを確かめます。中国でスマホの電子マネー利用が急速に増えているのも、ニセ札の多さからです。大量のニセ札（紙幣発行163兆円：偽札推計32兆円）は、人民元の弱さの1つの理由にもなっています。

日本はニセ札がないだけでなく他のあらゆる面でも、安全でクリーンな国です。その反面として国民の**セキュリティについての考えは弱く**、仮想通貨のセキュリティにも強い関心がないようです。

仮想通貨の価値の本質は、オープンなインターネットの中にあって改ざんができないセキュリティの仕組みにあります。この仕組みを知れば**「なぜ暗号が通貨と認められてきたか」**という、多くの人がもっている疑問にも回答ができるようになります。

公道と同じインターネットの電子メールは、**誰でも読める葉書**のようなもので、検閲できるものです。米国のＦＢＩは、世界のメールの全文検索の監視システム（Carnivoreという）をもっています。危険とするキーワードを含むメールを選んで検閲しています（通信傍受システムともいう）。インターネットを規制している中国と北朝鮮も、同じことを行っています。メールはお金ではないので、傍受されても直接の被害はない。

お金になる仮想通貨は暗号が傍受されても、中身を読んで改ざんができない高度なセキュリティを備えていなければなりません。改ざんされるとニセ札の横行になり、仮想通貨の全体が「信用が条件」である通貨の機能を果たさなくなるからです。どういう方法で情報のセキュリティを確保するか、ここが仮想通貨の本質です。

【仮想通貨の仕組みと機能】

仮想通貨を買って使うには、基本的な**仕組みと機能**を説明できるものでなければならない。家電でも機能を理解できないものを、買う人はいないでしょう。

仮想通貨のセキュリティを知ると、利用が拡大していくこともわかります。利用者が増えれば、買う人は増えて価格は上がります。投機的な「バブルとその崩壊」を繰り返しながら、長期的には、民間系の仮想通貨の平均価格は上がることも意味するでしょう。ただし市場の小ささから乱高下はあるので、右肩上がり一方向ではありません。

株価との対比で仮想通貨価格の1年の変化は、株価の5年から10年分の変化に相当するでしょう。これが1日のボラティリティ（価格変動の標準偏差）が5～10%、株価の約1%の5倍から10倍ということの時間的な意味です。仮想通貨の暗号は、

①オープンなインターネット上のスマホやPCで、
②特定の人（＝Aさん：送金元）が、
③特定の人（＝Bさん：送金先）あてに作った情報（＝仮想通貨のデータ）を、
④解読されず（＝誤まった先への送金と、偽造がなく）、

⑤改ざんのない情報（＝真正の仮想通貨として）として送る技術です。

5つが満たされると、Aさんが真正のマネーとしての仮想通貨をBさんに送金できる条件になります。**送金はお金を支払う行為**です。

Bさんにとって受けとった暗号がお金になるのは、他の人がBさんの支払いをお金として認めて、代金として受けとるからです。つまり**個人をとりまく社会が仮想通貨をお金と認める**からです。

この社会的な信用を得るために、仮想通貨には改ざんを加えることができないように、現在のスーパーコンピュータを数千年、数万年動かしても破られないバリアが作られています。

現在、最高速の計算ができるのは、神戸の理化学研究所「京（けい）」です（開発費は1120億円）。1秒間に1京回の計算をします。京の単位は1兆の1万倍、10の16乗です。とんでもない計算速度です。しかし仮想通貨の秘密鍵が30桁（けた）なら、総当たりで解くのには「10の14乗秒」の時間がかかります。1年は「3×10の7乗秒」です。年数では「10の14乗秒÷（3×10の7乗）＝（10の7乗）／3≒300万年」……これは永遠に解けないということです。

暗号技術は、戦争のとき敵国に情報を読まれないために発達してきました。兵器と並ぶ軍事技術が暗号です。「8月15日午前8時、AへのBによる攻撃」と解読されれば、対策を打たれるからです。インターネットとデジタル情報化の時代の戦争は、物理的な攻撃より**「情報を読むハッキング」**です。

北朝鮮は米軍、韓国、日本に軍事情報のパスワードを読むサイバー攻撃を仕掛けています。昨年の秋には、235ギガバイトの情報（2350億文字の英文）が米国人スノーデンの暴露した外交文書（2013年6月～）のように、北朝鮮に流出したとされています。しかし、これに対する政府の公式発表は当然ありません。北朝鮮は今日も、現代的な戦争をしています。

軍事情報も仮想通貨のように文書をブロックチェーンにしておけば、ハッキングの可能性は、数兆分の1に激減します。金融と企業会計でハッキングされることは致命的です。これが、仮想通貨で使われたブロックチェーンを使うフィンテックが急速に広がっていく理由です。この時代の流れにどの国もどの機関も棹さすことはできません。1995年からのインターネットの広がりと同じだからです。

⑵秘密鍵と公開鍵による暗号の作成と解読のシステム

ビットコインを事例に、セキュリティを確保する仕組みを示していきます。ビットコインを事例にするのは、仮想通貨ごとに**分散サーバーでのマイニングと認証の仕組み**に少しずつ違う点があるからです。

送金のとき自動的に作られ、解読されている暗号が受金者に対してホンモノと証明される仕組みを知ると、仮想通貨がどんなものか誰にでもわかります。

【通貨(カレンシー)の意味】

お金は商取引によって「Aさん↓Bさん↓Cさん……」と流通します。買われる商品と逆方向に流れるので、**Currency（流通するもの＝通貨）**と呼ばれます。日本語では流動性です。お金は人から人へ流通するとき、そのたびに偽札ではないと証明されなければならない。これをシステム用語では**「認証」**と言います。

日本人が1万円札を見ると無意識のうちに、紙質、印刷、手触りでホンモノと認証し合っています。ニセ札が多い中国では真剣です。これが、われわれが無意識に行っている**紙幣の相互認証**です。

仮想通貨では、

①送金者と受金者のスマホと、

②インターネット上の、最少でも6台のマイナーのスーパーコンピュータで、電子的に認証されています。マイナーとは、世界中で送金された仮想通貨の台帳を探して、その通貨が偽造されたものでないことを証明するサーバーのことです。

目に見えない電子的な認証なので、暗号の専門家以外には、とてもわかりにくい。これが、本章を書く理由です。事前の知識がなくても、映像的なイメージからわかってもらえるよう書く努力をします。正確さは犠牲にしていないつもりですが、細部は省略しています。

【電子信号をホンモノと認証する方法】

仮想通貨は電子信号であり、光の速さで動いていて、どこにあるのかは見えません。とても微弱なので、ビリビリとも感じません。**「受けとった電子信号が、AさんからBさんに送られたホンモノである」**と証明するには、特別の仕組みが必要です。

この認証は、送金を受けた人のウォレットで、**「ホンモノであるもとの送金データ」**と**「復元された暗号文」**が一致することによって行われます。ホンモノの1万円札と、受けとった1万円札を見比べて一致すればホンモノとすることと同じです。

電子マネーと仮想通貨では、この認証の方法が違います。

・**電子マネー**では、外部から侵入がしにくい専用回線つながれた銀行のサーバーがマネーであることを証明して認証されています。この中では全部のデータがホンモノです。

・**仮想通貨**では、管理者はオープンな公道であるインターネットの中に多数いてお互いを監視しています。このため送金者は**秘密鍵**（Private Key）で暗号化して送信し、受けとった人は送った人の秘密鍵とペアで作成された公開鍵（Public Key）で開く仕組みを認証の第一段階としたのです。

【ウォレットの3種のコード】

図4を見ながら読んでください。まず仮想通貨のコインを入れる財布、またはスマホ金庫の役割を果たす**「ウォレット」**からです。専用のサイトからアプリをダウンロードして設定し、スマホやPC（パソコン）上で使います。

郵便はがき

料金受取人払郵便

牛込局承認

5559

差出有効期間
平成31年12月
7日まで
切手はいりません

162-8790

東京都新宿区矢来町114番地
神楽坂高橋ビル5F

株式会社ビジネス社

愛読者係 行

ご住所 〒 TEL: ( ) FAX: ( )		
フリガナ お名前	年齢	性別 男・女
ご職業	メールアドレスまたはFAX メールまたはFAXによる新刊案内をご希望の方は、ご記入下さい。	
お買い上げ日・書店名 年 月 日	市区 町村	書店

ご購読ありがとうございました。今後の出版企画の参考に
致したいと存じますので、ぜひご意見をお聞かせください。

書籍名

お買い求めの動機

1　書店で見て　　2　新聞広告（紙名　　　　　　　　　　）
3　書評・新刊紹介（掲載紙名　　　　　　　　　　）
4　知人・同僚のすすめ　　5　上司、先生のすすめ　　6　その他

本書の装幀（カバー），デザインなどに関するご感想

1　洒落ていた　　2　めだっていた　　3　タイトルがよい
4　まあまあ　　5　よくない　　6　その他(　　　　　　　　　　)

本書の定価についてご意見をお聞かせください

1　高い　　2　安い　　3　手ごろ　　4　その他(　　　　　　　　　　)

本書についてご意見をお聞かせください

どんな出版をご希望ですか（著者、テーマなど）

図4. ウォレット（財布／金庫）の3種類のコード

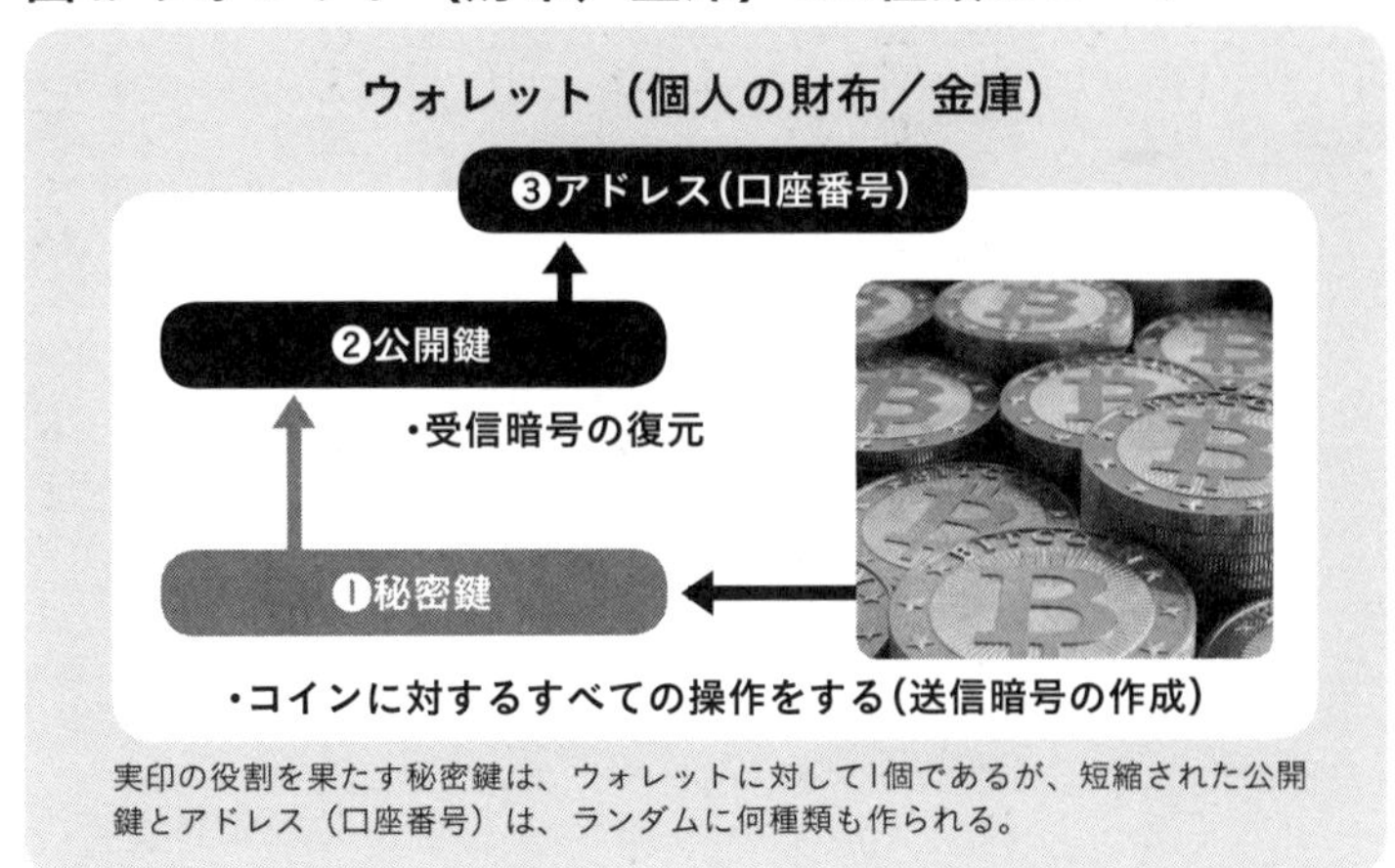

実印の役割を果たす秘密鍵は、ウォレットに対して1個であるが、短縮された公開鍵とアドレス（口座番号）は、ランダムに何種類も作られる。

ウォレットには、

- **オンライン型**で預ける形式のものは「ブロックチェーン」、取引所の「ビットフライヤー」や「Zaif（ザイフ）」などがあります。
- 個人がスマホやPC内に所有するのは、**クライアント型**のローカルウォレットになりますが、これはBitcore、Copay、Airbitz、MyEther Walletなどです。
- 公開鍵、秘密鍵がQRコードで印刷された1枚の紙幣のような紙製の**ペーパーウォレット**もあります。これは、1万円札のように保管できるものです。
- ICメモリを使う**ハードウエアウォレット**は、スマホやPCから切り離して安全に管理ができるものです。TREZORやKeep

Keyなどがあります。

これらのウォレットの中に仮想通貨を入れると、**3種類の情報（コード）**が作られます。

①秘密鍵　Private Key：暗号の作成と解読を行えるキー（32桁～128桁）

秘密鍵は、ウォレットにはいった1つのビットコインに対して1個だけが作られる。ペアの分身になる公開鍵を作成し、署名入りの暗号を作成および解読する、もっとも重要な鍵。秘密鍵がすべての情報源になる。秘密鍵がないと仮想通貨は使えない。コインを盗まれることとは、ウォレットのパスワードを破られ、その中の秘密鍵が流出することである。マネーそのものと同じである秘密鍵は、他人に漏らしてはならない銀行口座の暗証番号に相当する。

②公開鍵　Public Key：秘密鍵の分身

秘密鍵のペアとして、不可逆な関数の楕円曲線暗号によって秘密鍵から自動でランダムに作られ、受信情報を解読する鍵にもなる。秘密鍵から公開鍵が作られるが、公開鍵から秘密鍵を作る逆方向ができないように設計されている。

受金（じゅきん）のとき、相手から受けとる公開鍵には、送金元のアドレス情報も含まれている。自分の公開鍵は、誰に教えても安全である。仮想通貨を受けとるとき受信した送金情報の暗号文は、送金者から来た公開鍵でしか復元できない。

③**ビットコイン・アドレス**：口座番号（27桁〜34桁）

自分のウォレットの公開鍵から作成されウォレットのアドレスになり、銀行預金の口座番号や金庫に相当する。

公開鍵からは、いつでも口座の番号に当たるアドレスを自動的に変えて、ハッカー攻撃から防御することもできる。しかしアドレスから逆方向に、公開鍵は作成できない。アドレスは、公開鍵を短縮して使いやすくしたものと考えていい。アドレスには、誤入力をはじくチェックデジットがはいっているので、読み取りミスの確率は数十億分の1。

3種の鍵が作成される関係は、**「秘密鍵↓（secp256k1という楕円曲線で変換）↓公開鍵↓アドレス」**です。変換をする楕円曲線の関数は**不可逆性**をもつので、**逆方向に行くことはできない**。皆が知ることができる公開鍵から作れるなら、秘密鍵がダダ洩れになって、扉が開かれた金庫の中の札束のようになるからです。

数字における不可逆の簡単な事例は、素因数分解です。素数は1とその数字以外では割れない数字です。1、2、3、5、7は素数ですが、4、6、8は2で割れるので素数ではありません。素数の３１７と４８３を掛けると、１５３１１１になります。３１７と４８３から1回のかけ算で１５３１１１を作ることができます。

しかし、逆に１５３１１１から「３１７×４８３」を探すには、コンピュータに「総当たり」で計算させるしかありません。これが**不可逆**ということの意味です。

6桁の数字くらいなら、コンピュータは一瞬で解きます。しかし、36桁（英数で62の36乗）の公開鍵から秘密鍵を探すにはスーパーコンピュータの総当たりでも、数万年、数百万年、あるいはそれ以上の計算時間が必要になります。

大切な秘密鍵は、財布や金庫を最終的に開く鍵です。他人に渡せば、財布の中の現金を渡したことと同じです。この秘密鍵はウォレットのアドレスに対して1個ですが、秘密鍵に対応した公開鍵は、**secp256k1楕円曲線の関数**でランダムに何種類も作ることができます。

この公開鍵と秘密鍵の仕組みにおける仮想通貨の送金は、

①送信情報の「A→B：0・35ＢＴＣ＊＊＊（AのウォレットアドレスからBのウォレットアドレスに0・35ＢＴＣを送った）」という平文（へいぶん）を**Aさんのウォレットの秘密鍵で作った暗号**で送信すること。平文とは暗号と違い、人間が読むことのできる情報です。

②受信したBさんが受けとった**暗号文を同じくAさんから受けとった公開鍵で、もとの平文の送金情報に復元**することから成ります。

Aさんが送金ボタンを押したあと、人の手を加えるところはない。スマホのウォレットアプリとインターネットのプログラム上で、以上のことが瞬間に行われています。

以降で仮想通貨の仕組みを知るため、送金者のAさんと受金者のBさんのスマホとインターネット回線で行われているデータのやりとりをスローな動画のように示します。

【事例：AさんからBさんへの0・35BTCの送金】

AさんからBさんへ0・35BTC（ビットコイン）の送金をするとします。

①Aさんが送金先の**BさんのウォレットのQRコード**をスマホで読み込ませ、

②送る**コインの金額を0・35BTC（現在は約35万円）**と入力し、

③**送金ボタン**を押すとBさんのウォレットに送金ができ、インターネット上で自動的に認証されます。

送金は、「相手のQRコードを読みこませる↓金額の入力↓送金ボタンを押す」の3段階で完了します。これからあとは、ウォレットアプリとインターネット回線で自動的に行われます。送金された瞬間に**「Aさんのウォレットの0・35BTCのビットコインが間違いなく、Bさんのウォレットに送られた」**ことの証明が始まります。この点が暗号が仮想通貨になり得た理由ですから、詳しく述べます。以下を理解すれば、仮想通貨がどんなものかわかるからです。

【第一段階　公開鍵(Public Key)の働き】

ウォレットには、**①実印の働きをする秘密鍵**と、②実印から形を変えて作られた**認印のような分身の公開鍵**が入っています。銀行預金の口座番号に当たるビットコインのアドレスも含まれています。

公開鍵は、数字と文字が混じった、**26桁から36桁の不規則な英数字**です。

公開鍵の事例：0x5eD8Cee6b63b1c6AFce3AD7c92f＊＊＊、これが**スマホ画面にはQRコード**になって出てくる公開鍵とアドレスの例です。

送金するAさんは、Bさんのスマホのアドレス(口座番号)をQRコードからウォレットのアドレスを受けとって、送金情報を自分のウォレットの中にある秘密鍵で暗号化し、公開鍵とともにBさんに送信します。

【第二段階　秘密鍵（Private Key）の働き】

〈Aさんの送金＝暗号文の作成と送信〉

送金ボタンを押すと、Aさんの「A↓B：0・35BTC＊＊＊（AからBに0・35BTCを送った）」という平文（へいぶん）が**Aさんのウォレットの秘密鍵によって、暗号文に変換**されます。これは、「jpi5omtl6gym00012＊＊＊」のような、誰も読めない暗号文です。

内容が同じ送金情報である平文と暗号は、

・Aさんのウォレットから、Bさんに送信されると同時に、

・インターネット上の多数のマイナー（認証をする分散サーバー）にも同報で送信されます。

電子メールの送信とまったく同じですが、**平文と暗号の両方**が含まれている点が違います。

〈秘密鍵のサンプル〉

以下は、Aさんのウォレットに固有な1個の秘密鍵のサンプルです。

秘密鍵の事例：Gthas23aL6sAw2eSadf23akKDJ＊＊＊（64桁）

この**秘密鍵は財布の中に入ったコインと同等**のものです。使わないときは、ハッキングからの防御として、インターネット回線から切り離したコールドウォレットに保管すべきです。他人に教えていいのはビットコインの秘密鍵（Private Key）ではなく、**ウォレットのアドレス情報を含む公開鍵**（Public Key）です。公開鍵は、前述のようにそのウォレットの秘密鍵だけから分身として作られます。ウォレットのアドレスは、自分のPCやスマホのメールアドレスと考えていい。

仮想通貨の送金は、送った相手だけしか読めない暗号文の送信と同じ仕組みです。受けとったメール（コイン）を含む、電子メールのOUTLOOKなどのアプリのようなものがウォレットです。電子メールのメーラーは皆が使っているアプリです。

【第三段階　有効な送金であることの証明】

①Bさんの受金↓送金情報の平文と暗号文が一致すれば、Aさんからの有効な送金

送金を受けたBさんは、Aさんのウォレットから**平文、暗号文、公開鍵**を受信します。暗号文は、Aさんから送られてきた公開鍵でしか解読できません。

送られた公開鍵で開くと、もとの平文の「A↓B：0・35BTC＊＊＊」に復元されます。

以上が、Aさんからきた公開鍵で行われる暗号の解読です。

②電子署名での証明

Bさんのウォレットの中で**暗号から復元**されたものが、Aさんが送った平文の「A→B：0・35BTC＊＊＊」と一致すれば、暗号と平文は間違いなくAさんからBさんに送信されたものと証明されたことになります。

これで、AさんのコインがBさんに送られたと証明されたことになるのです。理由はAさんの秘密鍵で作られた暗号文がそれとペアの公開鍵でしか開けないものだからです。

以上が、コインを送った人がAさん、受けとった人がBさんであることを証明する**「電子署名」**としての公開鍵と秘密鍵の仕組みです。

署名とは間違いがないことを認証することです。コインでは、Aさんが送ったものと証明するために、小切手のように署名が用いられます。電子信号は100％完全にコピーができるので、正当に受けとった人しか読むことができない暗号の電子署名によって偽造を防いでいるのです。

【説明1　送金メッセージが仮想通貨の1枚のコイン】

付け加えるべきことは、仮想通貨では1万円札のような「仮想通貨そのもの」はどこにもないことです。「AさんからBさんに0・35BTC」を送ったという平文と暗号のメッセージが「0・35BTC（約35万円相当の市場価値）」という**コインの実体**です。

インターネット上でマイナーのサーバーに**分散所有されているブロックチェーン**もコインの持ち主から受けとり者への送金履歴の、数珠（じゅず）のようなつらなりです。その**取引履歴の全部がコインの台帳**です。

イメージとしては「譲渡者が裏書きした署名がつらなった、暗号の小切手」がコインです。電子信号ですから、その真正さを証明する2つの印鑑と似たものがペアになった秘密鍵と公開鍵です。

公開鍵を預金口座の番号とし、お金を引き出す暗証番号が秘密鍵とイメージすれば了解できるでしょう。この暗証番号を盗まれると、預金が引き出されてしまうでしょう。

仮想通貨のコインは、そのコインの秘密鍵をもっている人のものです。AさんからBさんに渡ったコインの秘密鍵は、今度はBさんのウォレットのものに変わります。仮にこれをC

さんがハッキングして盗むと、犯人Cさんのウォレットに入ったコインは、今度はCさんの秘密鍵でしか送金できなくなります。

これは、1万円札が「送金者Aさん↓受金者Bさん↓窃盗犯Cさん」と渡っても、もとの1万円であることと同じです。コインが人に渡ったとき、受けとった人のウォレットに固有な秘密鍵に変わることによって、コインの流通が行われているのです。

窃盗犯が盗んだ仮想通貨を無効にするには、盗まれたあとブロックチェーンを新しいデータに書き換える「**ハードフォーク**（フォークのような分岐）」の方法があります。しかしこれは流通している他のコインも無効にするので、マイナーの全員の合意がないと実行できません。

このハードフォークは「分裂」とも言われますが、枝分かれのような派生でなく、根っこから違う**別の仮想通貨の誕生**です。**ビットコインキャンディー**は、17年12月末にビットコイン・キャッシュからハードフォークされて生まれたものです。相場は、1単位100円くらいの気配値です。ハードフォークすると、もとのビットコインとは別物の通貨になり、価格も別になります。

【説明2　コインそのものと言える秘密鍵】

ウォレットの**コインを処理できる秘密鍵**は、お金と同じです。ハッキングでパスワードを破って、ウォレット内の秘密鍵を盗むことは、金庫の強奪と同じです。

他方、**QRコードで表現される公開鍵**は、送金・受金のときのウォレットのアドレスを含むので相手に公開します。送金された人は送金した人から送信された公開鍵で、暗号になって送ってきた送金情報を復元するからです。

取引所コインチェックからの580億円の盗難では、取引所に預けられていたウォレットのパスワードが破られ、仮想通貨のNEM（ネム）の秘密鍵がハッカーに盗まれたのです。**秘密鍵は1万円札の束**として取り扱わねばならない。

コインチェックは1万札でいえば580万枚（580億円分：5・8トンの重さ）をパスワードが1個しかない、しかも1か所の金庫に入れていたのです。580億円分あっても、その秘密鍵の電子信号は見えないし、重さもゼロなので、現金ならあり得ないことが行われていました。原因は、2017年に急に価格が上がった仮想通貨に対する経営者の感覚の麻痺（まひ）でしょう。

以上、可能な限り具体的に、読めば映像が浮かぶことを目指して、記述しました。

「AさんからBさんに間違いなく0・35BTCが送金された」と証明されたあとは、ブロックチェーンに、今回の送金履歴を追加することによる「ニセものではないビットコイン」であることの認証です。

(3)ハッシュ値によるブロックチェーンの改ざん防止

ここまでに書いた第一段階から第三段階の完了により、「Aさんのウォレットから Bさんのウォレットに、0・35BTCの正しい送金情報が送信された」ことになります。これはインターネットとスマホ間で瞬間に行われます。しかし、まだ送金の認証は完了していません。

次の段階の認証として、**AさんからBさんに送られたコイン情報がインターネットの分散サーバーの台帳の内容と一致してつながることを証明**しなければならない。

1万円札なら、受けとった人が目で見れば、わかります。電子信号は誰の目にも見えないので、ビットコインの台帳にあるものと一致することを証明するのです。

これが、**送金されたコインが改ざんされたものではないことの証明**です。

①送金されたコインがある**ブロックチェーン**を探し（＝マイニングして）、
②**最後のブロックの中に「A↓B：0・35BTC＊＊」と正規に書き込む**ことがこの認証です。ブロックは帳簿の1ページとイメージしていいものです。

ビットコインでは、10分間に1ページが作成されるブロックに、最大1メガバイトの4200件の取引情報をまとめて書き込みます。1日に、「10×6×24＝1440個」のブロックが作成されます。なお他の仮想通貨では、この設計仕様が異なることがあります。

仮想通貨の、個々の取引記録が書きこまれた**共同預金台帳**（アカウント）**がブロックチェーン**です。送金情報の書き込みは銀行預金の台帳上で、Aさんの口座から0・35BTCを引き、Bさんの口座に書き込むことと同じです。

そのとき、この**認証の労力の対価**（Proof of Work）として、ユーザーがあらかじめ設定していた送金手数料が引かれ、マイニングの速度で上位6番目までのマイナーに認証料として自動的に与えられます。ビットコインでは、送金金額の約0・02％、つまり1万円の送金に対して2円です（17年12月〜）。この送金料は銀行の数百分の1でしょう。

ただしこれは、仮想通貨を買い物で使うとき、店舗側がとることがある販売手数料（商品代金に含まれることが多い）とは別のものです。

①AさんとBさんのウォレットの間で公開鍵と秘密鍵によって行われたのは、「Aさんが、0・35BTCを間違いなく、Bさんに送金した」という**送金情報の正しさの証明**までです。

②次は、インターネットで送金された0・35BTC分のコインが、

・過去の取引履歴である**ブロックチェーンの台帳の末尾に存在することの確認**と、

・「AさんからBさんに0・35BTCが送金された」という**新たな取引情報**を新たな1ページの**ブロックに書き込む**ことです。

書き込みができると、そのコインに連続性があり偽札ではないことが証明されたことになるので認証が完了し、送金者・受金者に有効なコインであるとのメッセージが送信されます。

以上が仮想通貨の**マイニングと認証**と言われることです。これはAさんとBさんからは離れた、インターネット上のマイナーのサーバー間の協力として、以下の方法で行われます。

【第四段階　ブロックチェーンでの認証の内容】

マイニングは、送金されたコインの台帳をビットコインの過去全部のブロックチェーンか

ら探すことです。見つかると、ニセ札ではないことが証明されます。見つからないときは、出所が不正なコインとして、有効でないクレジットカードのように認証が拒否されます。コインを受けとった人のウォレットに、「有効ではありません」と出るのです。

次は、そのブロックチェーンの最後尾に「AさんからBさんに0・35BTCが送金された」という情報を書き込むことです。これが認証です。認証が無事、終わると送金されたコインは真正のものと証明されたことになります。

①**サーバー上のブロックチェーン**から、数万台のマイナーたちが送られたコインがある台帳（ブロックチェーン）を探して（これが、マイナーが行うマイニング）、

②見つかったブロックチェーンの中に「A↓B：0・35BTC＊＊＊」という新しい**取引情報のブロックを末尾につなぐ**ことによって行われ、

③**間違いなく新しいブロックをつなぐことができたという証明のデータ**がBさんに送ってきたとき、完了します。

実はここがもっとも面白いところで、仮想通貨だけではなく**金融取引と会計でのフィンテック**になるものです。金融（ファイナンス）はマネーの受け渡しであり、会計は会社のマネーの受け渡しの、勘定科目ごとの記録だからです。

コインの取引（トランザクション）の履歴であるブロックチェーンは、インターネット上の分散サーバーにあります。

ビットコインでは10分ごとの新しい全部の取引が自動的に**正しく書き込まれるようにチェックし合っている仕組み**です。この仕組みこそが、通貨・金融・会計の革命を引き起こす起爆剤になるものです。

冒頭で述べたように、50万個のブロックがつながったチェーンがビットコイン発行総量1650万枚の過去10年の全取引記録です。データ量では、約5000ギガバイト（英数字5000億文字）です。ブロックは10分に1個ずつ増えて、10年間で50万個増えます。

経済の土台である通貨・金融・会計では、大統領や首相が行っても不正に**改ざんすることのできない真正の記録が必要**です。通貨・金融・会計での改ざんができ、それが通用するなら、資本主義経済は共産党が絶対権力をもっていたソ連のように崩壊するからです。日銀は円の増発のとき、合法的なプロトコル（手順の流れ）に従って円の発行台帳の修正を行っていると見てもいいでしょう。

この**フィンテックが普及することは確定**しているので、金融と会計の10年後の世界はすっかり変わってしまっているでしょう。

右記の①から③が、ブロックチェーンのマイニング（発掘）から認証への流れ（システムフロー）です。

ブロックチェーンの末尾に新しい取引（トランザクション）の書き込みが終わったとき、Aさんから送られたマネーが正しいものとしてBさんの資産になります。

コインを受けとったBさんは次に自分のウォレットの秘密鍵により、そのマネーを別のCさんのウォレットに送信することができるのです。


【ブロックチェーンのイメージ】


図5を見てください。コインの取引履歴（トランザクション）の、**数珠（じゅず）のようなつらなりであるブロックチェーン**には、前述のように10分間の数千の、世界中の新しい取引をまとめた1つのブロックが新しい珠（たま）として加わって、更新されていきます。1つのブロック（数珠の珠）の最大容量は、1メガバイトと設計されています。1つのブロックには、最大で4200件の取引情報がはいります。

送金されたコインの記録があるブロックチェーン番号を1位で発掘し、世界中で行われた新しいトランザクションの集合であるブロックを直近の10分間につないだマイナー（発掘した人）には、**1位に12・5BTC（ビットコイン）（1BTCを100万円として1250万円相当）の報酬（プルーフオブワーク）**がオプション株のよう

図5.ビットコインのブロックチェーンの図解

ブロックチェーンをつなぐことができる鍵（キー）を探すのがマイニング（発掘）である。あたかも、海岸の砂浜から、1粒の砂を探す作業であり、超高速のコンピュータが必要。

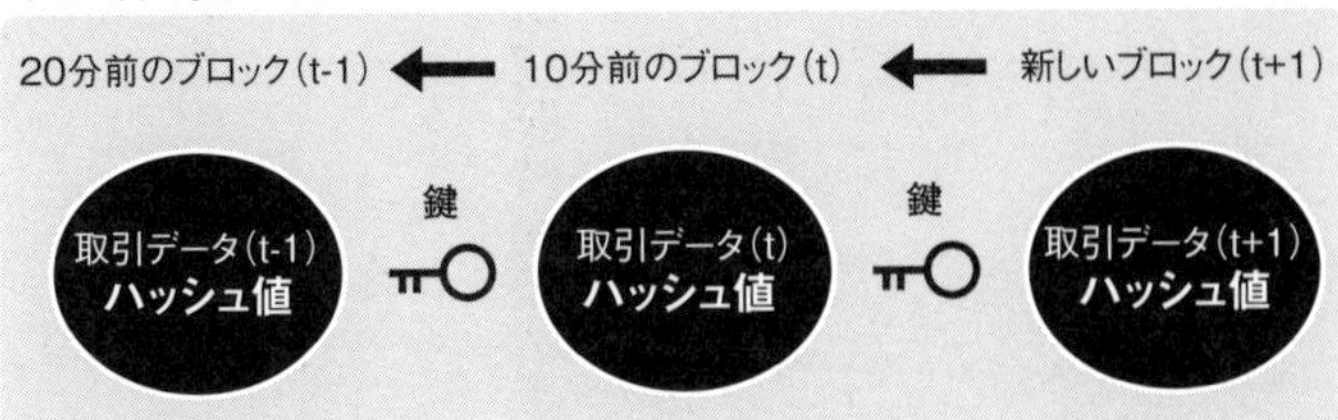

前の取引データの、一部分が改ざんされると、ハッシュ値はまるで別の値になって、鍵が変わったときのように、新しいブロックをつなぐことができなくなる。ハッシュ値の一致が、ブロックチェーンの取引履歴に改ざんがないことを証明する。ハッシュ値は、ブロックチェーンによる真正な仮想通貨を認証するコア技術である。18年1月では、50万個のブロックがつながっている。

に与えられる設計がされています。この12・5BTCが、10分間でのビットコインの新規発行になります。

この新規発行は1日で1800BTC、1年で65・7万BTC（時価で6570億円分）です。1位の報酬は4年経つと半減し、2140年に、総計で2100万BTCの発行残になったとき、増えなくなります。ビットコインの発行上限は**2100万BTC**です。現在は1650万BTCくらい発行されています（18年2月：日々変わります）。

ビットコインは、日銀の円やFRBのドルのように無限の発行はできないよう設計されています。ビットコインの信頼性を高めるための新規発行の制限です。誰であっても、**任意にビットコインの新規発行量を増やすことはできない**。この発行上限と1年の発行制限は仮想通貨ごとに違います。

世界中にいるビットコインのマイナーたちは、

①台帳の発掘1位の報酬と、

②6位までに与えられるビットコインを使った人が払う手数料の収入

を目的にマイニングと認証をしています。

【コインの認証時間の速さと手数料】

時間が短くなる**優先認証**をしてもらうには、ユーザーが高い手数料を払う仕組みが作られています。手数料はユーザーが初期設定します。**コミュニティを形成しているマイナーの共同管理**は善意だけからではなく、賞金と手数料を目的に実行されているのです。

誰でもマイナーのアプリをダウンロードすれば、東京マラソンのようなオープンなマイナーレースにエントリーでき、報奨金や認証の手数料をねらうことはできます。ただし電気代とコンピュータ費用に見合う報酬を受けとっている人は、ごく少数のスーパーコンピュータを高速回線につないでいる人だけです。多くは、並列コンピュータをもつ会社が行っています（図6）。

図6. マイナーのサーバー（ASIC）のイメージ図
ビットコインでは世界に10万台

Application Specific
Integrated Circuit
特定用途向け集積回路
（1枚は数万円で市販）

コイン全部の取引履歴
仮想通貨の台帳
50万ページ

マイニングと認証は、**上位6台のサーバー間で相互に行われる**と、確率的に大丈夫だとされています。1万円札でいうなら「6人がホンモノと相互に確認し合えば、大丈夫」ということです。最短、約10分で1つのサーバーの認証が完了し、お互いには知らない6台が完了するのに約60分です。最低6台で書き込み情報を相互監視するのは、認証するサーバーが1位の1台なら、ニセの情報を書き込んでブロックチェーンの偽造もできるからです。図6に、マイナーのサーバーとブロックチェーンのイメージを示しています。

2018年1月現在、**ASIC（特定用途向けIC）と呼ばれるマイニング（コイン情報の発掘）専用に設計されたサーバー**をもってビットコインをマイニングしているのは、世界中で10万人と言われます。つまり、マイニングは10万人の疾走レースです。ビットコインのブロックチェーンは、完全に一致するものが10分ごとに新しいブロックがついて更新されて、世界10万人のサーバーに分散共有されています。

個人がもつウォレットでは、**それぞれ10分から30分で認証完了のOKを出す**ような設計がなされています。認定完了までの時間はウォレットによって違います。30分の認証時間とはいっても、店頭で店員と見つめ合って30分間も認証の完了を待つということではない。すぐに、あるいは10分くらいでOKだとしても、秘密鍵、公開鍵での認証の仕組みがあるのでほとんど大丈夫です。

ビットコインは、インターネット上に多数ある、オープン参加の分散サーバーによる相互認証なので時間が長くかかります。同じ仮想通貨のリップルは、**リップル社によって認可された少数のサーバーによる認証の仕組み**なので、数秒で終わります。このためもあってリップル（通貨単位はXRP）は、銀行の国際送金の通貨として使われることが決まっています。世界の5大送金銀行のうち3社が、2018年から順次リップルを使う予定です。なおビットコインでも、ウォレットによって認証時間の短縮化が計られています。

このニュースのおかげでリップルは17年12月に28円から384円まで13・7倍に上がりま

したが、18年2月18日には１２３円と約3分の1に下がっています。時価総額も４・８兆円と大きく、発行量も39億単位と多いからです。ビットコインは3桁少ない１６５０万単位です。

【ブロックチェーン改ざん防止の技術】

ここまで見てきたように仮想通貨の実体は、全部の取引の履歴（お金の流通履歴）です。**数千の取引（トランザクション）の記録を格納したものがブロック**であり、ビットコインでは、これが10分ごとにつながって長くなっていきます。

これが前掲の図5にイメージを示した、数珠つなぎになったブロックのチェーンです。改ざんがほとんど不可能なように設計されています。３６５日・24時間稼働のスーパーコンピュータによる総当たりの計算（これがハッキング）により、**ブロックをつなぐための鍵（キー）**が発見でき、捏造（ねつぞう）した取引記録をつなぐ改ざんができるなら、仮想通貨のニセ札の台帳が作られたことになるからです。

【ごった煮のハヤシライスから原材料が復元できない】

改ざんを防ぐ仕組みはブロックの構造の中にあります。最後尾のブロックの中には、直前の**ブロックの圧縮された取引情報**もはいっています。データの圧縮をするのが「ハッシュ関数（データをごちゃ混ぜにする計算式）」、その値を「ハッシュ値」と呼んでいます。**ハッシュ**（hash）は、いろんな材料を混ぜた調理からきた言葉です。「ハッシュド・ライス→ハヤシライス」がこれです。明治時代に、ハッシュド・ライスがハヤシライスになっています。林さんが発明したものではありません。いろんな材料を切り混ぜて煮られているので、ハッシュド・ライスです。

できあがったハッシュ値（ハヤシライス）から、もとのデータ（原材料）への復元は無理だとわかるでしょう。仮想通貨はお金ですから、復元が難しい160ビットの「SHA-1」という関数が多く使われています。再び前掲の図5の鍵の部分を見てください。

もとのデータを送る際にハッシュ値も受信され、マイナーたちは受けとったデータから、ハッシュ値を計算します。**ハッシュ値が同じになれば、ブロック内の取引データ（料理の原材料）が改変されていないという認証**ができたことになります。

あるコインのブロックの取引の履歴が改ざんされていると（原材料が改変されると）、ハッシュ値（ハヤシライス）が一致しなくなるからです。ウォレットの秘密鍵による送金データの復元と同じようなことがインターネットサーバー上でも行われるのです。

ブロックの取引記録を改ざんして、つまり不正な認証をして、ニセの仮想通貨を作るには、世界中の数万台のマイナーのコンピュータの合計速度を上回るコンピュータが必要になります。そうしたものは、現在のスーパーコンピューターの10億倍の計算速度になるという**量子コンピュータ**しかないので、仮想通貨の分散台帳のセキュリティが守られているのです。量子コンピュータの部分的な実用化は、2022年と言われます（マイクロソフト社）。

10年後の2028年には多く使われているかもしれません。その時期が来る前に、ビットコインの「秘密鍵→公開鍵方式」には、設計変更を加える必要が出るでしょう。

量子コンピュータへの対策が済んでいる仮想通貨は、すでにNEO（1・2万円：時価総額8000億円）、カルダノ・ADA（43円：同1・1兆円）、IOTA（218円：同6000億円）、QTUM（4300円：同3300億円）など多数あります。価格は1単位、時価総額は18年1月30日時点のものです。

＊

ここまでで、とてもわかりにくかった仮想通貨のセキュリティの仕組みを解説しました。仮想通貨そのものは、ハッキングからの防御のためのアイガー北壁のような壁が作られているのに、盗難事件は発生しています。

これは、いったいなぜなのか。

取引所と、個人が秘密鍵（いわば1万円の札束）を保管している金庫であるウォレットに、ハッキングへの脆弱さがあるのです。次は、取引所と個人のセキュリティ対策を述べます。

(4)取引所と個人のセキュリティ確保の方法は4つ

取引所が外部、または内部からハッキングされ、盗まれる事件が起こっています。

①2014年の日本でのマウントゴックス（被害額470億円）、②17年のスロベニアのナイスハッシュ（以下同70億円）、③香港のビットフィネクス（65億円）、④ドイツのザ・ダオ（65億円）、⑤英国のパリティウォレット（30億円）、⑥スロベニアのビットスタンプ（5億円）。

そして18年1月26日に起こった日本の取引所コインチェックの580億円分の流出です。盗まれた金額は、仮想通貨ではない古典的な銀行強盗史上でも世界最大です。

コインチェックで起こったハッキングはあくまで一説ですが、北朝鮮のハッカーによるものではないかとも言われています（18年2月6日：韓国の国家情報院）。北朝鮮は、国家がハッカーを育成しています。３０００人のハッカー集団が中国に派遣され、活動しています。金(キム)正恩(ジョンウン)委員長の一言が国中に行き渡る全体主義の北朝鮮のソフト技術は高い。中国、韓国、北朝鮮は、**国家プロジェクトとして高度情報技術者を育成**しているからです。海外の銀行をハッキングして送金し、金額では１０００億円を奪っているとも言われるのです（米国ＣＩＡ情報）。ハッキングとその対策には、コンピュータとインターネット通信への深い知識を必要とします。平昌(ピョンチャン)の冬季五輪が行われましたが、ドローンなどがハッカー攻撃を受けています。

前述のように**取引履歴がシャッフルされて、わからなくなる仮想通貨モネロ**は、北朝鮮のＩＣＯによる開発と言われています（時価総額５２００億円：18年1月末）。核やミサイルの開発資金にもなっているかもしれません。仮想通貨にはダーティーなイメージもあるのです。困ったことですが、北のハッキングは有名です。米国と日本は北朝鮮を金融制裁していますが、セキュリティが脆弱な銀行はコインチェックのようにハッキングで破られているかもしれません。特に日本の銀行は、ＶＰＮ(仮想専用線)の専用線の中でハッキングを受けたことがメディアに漏れると、銀行システムの信用問題になるので、被害が100億円以下なら外部には漏らさないからです。ハッキングはパスワードを破ることです。インターネットにつないだ個人のパソコンやスマホもパスワードを破られると、ディスク内の情報はすべて盗まれる可能性に晒(さら)されます。住宅でいえば、玄関と金庫の鍵がパスワードです。インターネットは誰でも許可なく通れるオープンな公道です。鍵をかけたつもりでも、合鍵があれば誰でも侵入できることがわかるでしょう。

日米の銀行にも、早急に**ブロックチェーンの分散管理でのセキュリティ対策**、つまり仮想通貨のようなフィンテックが必要でしょう。ブロックチェーンなら、パスワードを盗まれても次の障壁となるデータのハッシュ値によって外部からのハッキングは、ほとんど不可能になるからです。

【取引所は店舗であり、銀行ではない】

忘れたころに起こる日本の取引所での被害額が大きいのは、仮想通貨の秘密鍵を預けるユーザーが多いからです。取引所には、政府が保証している**銀行預金の安全性**はありません。損害の補償(compensation)ができる信託銀行(Trust Bank)の機能はないと考えねばなりません。**倒産すれば補償はない**と考えたほうがいい。

日本は財布やスマホをなくしても、警察経由で戻ることも多い稀有(けう)な国なので、取引所にも信頼を置く人が多いのでしょう。あのドイツですら、電車内でバッグを横に置いて眠ることは、考えられないという。安全を自分で守る意識があるのが世界の常識でしょうが、日本ではその意識は低い。

仮想通貨のウォレットは、インターネットで北朝鮮、中国を含む、全世界に開かれるものですから、国内を前提にしたセキュリティ対策ではダメなのです。

取引所、銀行、保険会社などのお金に関する契約書に書かれることがある日本語の「ホショウ」は、同じ読みで3語あり、意味が違っていてややこしいので注記しておきます。まず**保証**(security)ですが、これは間違いがないことを示すことです（事例：人の保証人）。**保障**(security)は守られるように対策を講じることです（事例：社会保障）。**補償**(Compensation)は与えた損害をつぐなうことです（事例：損害補償）。取引所が仮想通貨の損害を「ホショウ」するというとき、どのホショウか注意が必要です。特にオンライン型のクラウドにウォレットと秘密鍵を預けるときは、どんな「ホショウ」か注意する必要があります。

政府の仮想通貨では銀行が取引所になって損害の補償システムは作られるでしょう。セキュリティは万全と自称する取引所でも、数か月も預けるところではない。取引所は仮想通貨の店舗です。銀行のように数百万円、数千万円、数億円の**金融資産を預ける銀行ではありません**。使いやすい利便性のため、秘密鍵を取引所に預けたままにしている人も多いようですが、どうかと思っています。取引所のコインチェックのように使うときの利便性を優先して、セキュリティの初歩をおろそかにしている取引所も混じっているからです。

現在の、主要国の銀行のように1000万円以下を預金保険で補償する仕組みは業界で作っていく必要があるでしょう。しかしまだ、仮想通貨では「業界共同出資の取引所協会」はありません（3月2日、団体設立で合意）。

仮想通貨を代金決済に使うことができると政府が認めた**「改正資金決済法（17年4月〜）」**では国内の取引所に対し、4つの対策を奨励しています。他の規制緩和で遅れることが多い日本政府は、なぜか仮想通貨では、世界で最初に通貨として認めたのです。

【日本政府が取引所に推奨しているセキュリティの4項】

①取引所での顧客資産の分別管理

取引所が所有する在庫である仮想通貨と顧客の分は、別のシステムとディスクに管理することです。顧客の分もいくつかに分けて保管する。この意味はわかりやすいでしょう。窓口に置かないで、それぞれの違うパスワードが必要な複数のディスクに入れるということです。図7には、仮想通貨を入れるソフトであるスマホの中のホットウォレットと、**回線から切り離したコールドウォレットによるセキュリティの基本**を示しています。この図を見ながら、以下を読んでください。

セキュリティを強化することと便利さは、一般に両立しません（トレードオフと言います）。便利さを優先すれば、セキュリティは下がります。セキュリティを強化すれば、次ページに示す二段階認証のように、手間が増えることはいたしかたありません。

仮想通貨は、秘密鍵を盗まれれば復元できない財産です。セキュリティを優先すべきです。しばらくすれば、多額になっても安全に保管（預金）できる、信頼性のある信託銀行も作られるでしょう。パスワードの手間のかからない生体認証も登場するはずです。

仮想通貨のセキュリティは、まだ人口の1％以下しかもっていない初期ステージのものです。世界の1350万人の仮想通貨所有者の中で、上位15万口座（構成比1・2％）の人たちが全体の80％をもっています（2017年8月：ビットコインディストリビューション）。世界で15万人、日本では2万人でしょうか。これらは、ブロックチェーンの中のIPアドレス（インタ

図7：取引所と個人のウォレットのセキュリティの基本

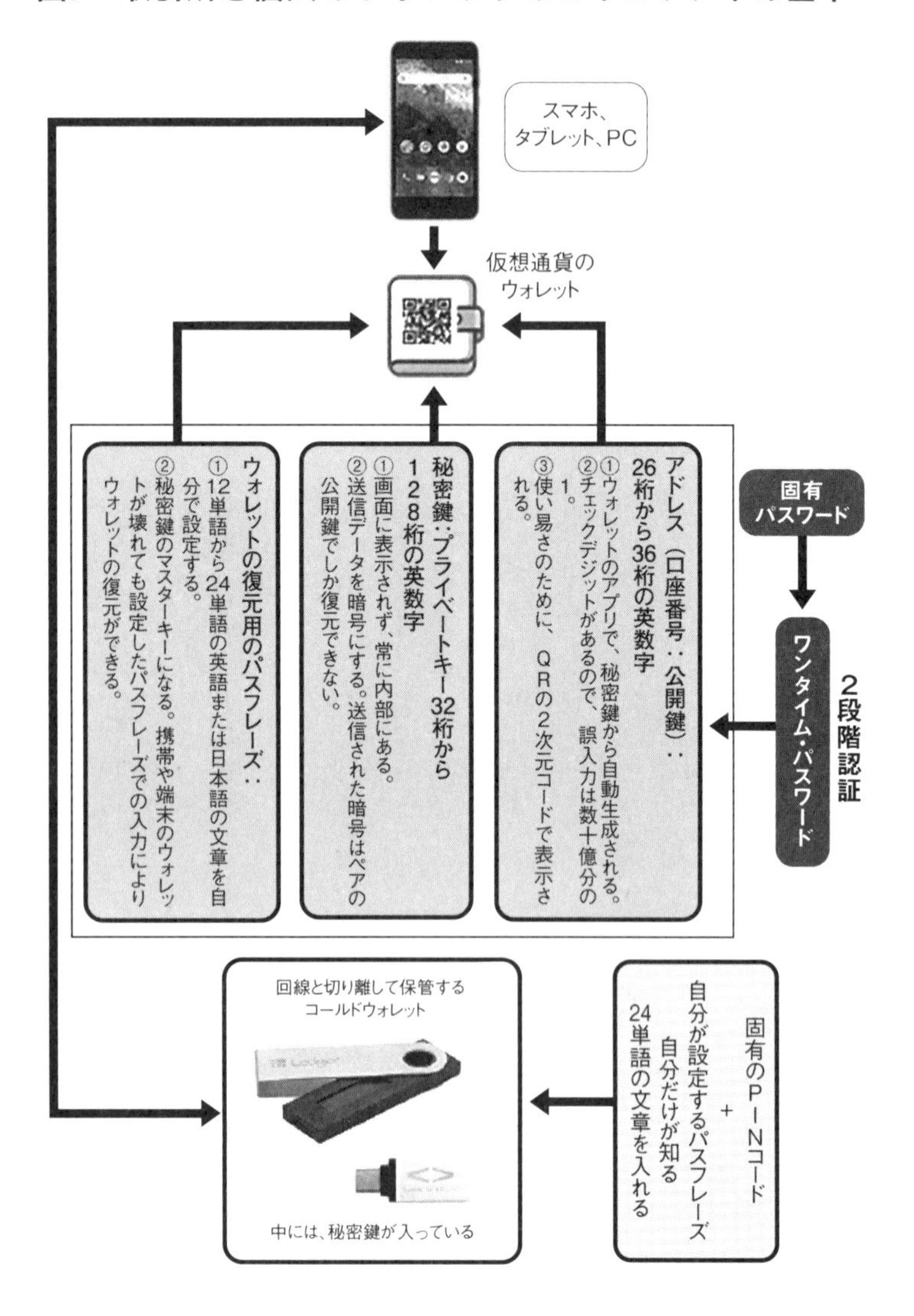

ーネット上のアドレス番号）でたどれます。取引所に個人IDの登録がないと、住所・氏名まではわかりません。17年4月以降、国内取引所では個人IDの登録が義務付けられていますが、海外にはまだこの制度がありません。このためコインチェックで580億円も盗んだ犯人のIPアドレスをブロックチェーンの不正送金記録から特定できても、それが誰かはわからないのです。

仮想通貨は匿名と言われてきましたが、①取引所に個人登録があり、②モネロ（MONERO：2・7万円：時価総額4300億円：2月10日）のような取引履歴をシャッフルする仕組みでなければ匿名になりません。

②ウォレットと口座の二段階認証

1つのパスワードだけでのウォレット（仮想通貨の財布）の認証だけでなく、二段階の認証もあります。ユーザーが自分のウォレットや、取引所の預金口座にアクセスするたびに、その人のスマホ電話に届くSMS（ショートメールメッセージ）がそれです。1度だけ有効な**ワンタイム・パスワード**（4桁や6桁）の入力が必要になるのです。そのパスワードを、**認証コード**とも言います。

二段階認証のアプリも、無料でダウンロードできます。1つのパスワードをハッキングされても、ハッカーはアクセスができません。これでハッキングの被害は飛躍的に減らすことができます。財布の鍵を開けると、その先にショートメールで送られてくる、変化するパスワードの鍵があるイメージです。

③コールドウォレット（回線から切った財布）の仕組み

仮想通貨を保存するウォレットの入ったディスク（またはSDメモリ）を、他の専用線やインターネットのオープンな回線からは物理的に切り離して保管することです。これでインターネットからはハッキングできません。

ただし、譲渡したコールドウォレットにフィッシング（不正送金を促す方法）をするウイルス（不正な動きをするソフト）を忍ばせておき、ユーザーがコールドウォレットを使おうとスマホにつないだ瞬間に、そっくり盗まれる被害も報告されています。他人からもらったコールドウォレットや、オークションで買った中古は、使ってはいけません。信頼できるメーカーから直接買った、新しいものを使うべきです。また、自分で設定したパスフレーズ（自分だけにわかる秘密の文章）は、他人にもらすことは厳禁です。

コインチェック580億円分の流出では、取引所のシステムの外部回線につないだディスク内のウォレットに、顧客から預かった仮想通貨のＮＥＭ（ネム）を数百億円分保管するというミスを犯していたようです。

回線につないだディスクの中のウォレットは、**ホットウォレット**（オープンな回線につながれた財布）と呼ばれます。ホットとは回線につなぐと、光が出る電球のイメージからでしょうか。

個人も、**コールドウォレット**（回線から切った財布）**になるＵＳＢ型のメモリ（ハードウェアウォレット）**に保管していれば、ハッキングされる被害を防ぐことができます。しかし、そのウォレットを紛失すれば、財布をなくすこと、または盗難と同じです。火災や津波でも、電子回路のスマホのようにデータは消失します。

メーカーの公式サイトで、**コールドウォレット**（回線から切った財布）として、１万円から１万７５００円でLedger、Trezor、Keepkeyなどが販売されています。見知らぬ他人からもらったものには、回線につないだときウイルスが動いて、内部の秘密鍵を盗まれる危険が潜んでいると思っておいたほうがいいでしょう。

コールドウォレットを自分が開くときも、**その財布に設定したパスフレーズ**（文章のパスワード）、つまり24単語くらいからなる自分が決めた秘密の文章が必要です。さらにそのコールドウォレットの専用のＰＩＮ（ハードの固有番号）ナンバーも必要です。

パスフレーズの文章としては祖父母の思い出、ペットの癖、父母の思い出、他人に知られない趣味などを書くといいでしょうか。文章の長いパスワードになります。忘れると、どんな方法でも開くことができなくなるので、紙に書いて保管しておきます。数億円がはいったコールドウォレットのパスフレーズを忘れて、どうにもならなくなった米国人もいます。自分のパスフレーズは、他人に漏らしてはなりません。**パスフレーズとＰＩＮナンバー**がその秘密鍵を開くパスワードです。秘密鍵は仮想通貨を動かすものです。

Personal Identification Number

コールドウォレットと一緒にパスフレーズとＰＩＮナンバーを盗まれると、不正に送金することができます。秘密鍵でウォレットから送金された仮想通貨は、支払った1万円札のように永久に消えます。盗んだ人の送金、自分で間違えた送金であっても、取り戻すには、送られた先に頼んで返金してもらう方法しかありません。

電子メールは、送り元のスマホやＰＣには送ったメールと同じものが残ります。しかし送金したものを残せば、二重マネーになるからです。払った1万円札は相手にわたり、自分の財布からは消えます。これと仮想通貨を送金することは同じです。送金や支払いのとき、新しいブロックをつなぐ**ハッシュ値は1回だけ有効な署名**のようなものと認識すべきものです。

④マルチシグネチャー・ウォレット（マルチシグ：複数の署名が必要な財布）

1つのアドレスに対して、**複数のパスワード**が割り当てられているウォレットや口座です。これを設定すれば、仮想通貨の送金や移動のアクセスに、複数のパスワードが必要になります。1つのパスワードの財布よりも、セキュリティがはるかに高くなります。

一般的な技術であり、日本の取引所でも多くが導入しています。マルチシグネチャー（multi signature）（複数署名）、あるいは短縮してマルチシグとも言っています。

シグネチャーは英語文化圏の署名であり、日本文化での印鑑です。これがパスワードです。**異なる人がもつ2つの印鑑が同時に必要**になるのがマルチシグです。顧客から預かった仮想通貨を入れたウォレットをマルチシグにしていなかったコインチェックは、担当の1つの印鑑がハッカーに盗まれただけで20分、実際は5分で580億円（5億2630万XEM：XEMはNEMの通貨名）を盗用されています。

別の人がもつ2つの印鑑が同時に必要としておけば、防止できたはずです。盗まれた5億ネムのブロックチェーンには、NEM財団がIPアドレス（ウォレットのアドレス）をたどり、全部に**「ハッカーに盗用されたというマーキング」**がされています。このため犯人が取引所で自国通貨に変換するには困難がともなります。個人でもマーキングされた通貨を受けとる人はいないでしょう。使われないまま「塩漬け」になって、通貨としては消えることも予想できます。ただし、5億ネムを盗まれた**コインチェック株式会社**は、他の仮想通貨も10円や100円と安い時期に買っているためか、利益は800億円とも言われます。このため「26万人に対してNEMの損害の時価460億円を全額、円で補償する」と発表しています。

しかし、この補償額を支払ったときは盗まれたNEM（ネム）が円に変換されたことになるので、所有者にとって「円での補償額-買ったときの価格」の利益が確定したことになります。利益が20万円以上なら、雑所得としての金額に応じて5%から45%の、それぞれの控除額を引いた分が国税の対象になります。

1000万円の利益が上がっていれば、「1000万円×税率33%-控除額154万円＝176万円」の税金を、3月の確定申告で納めることになります。翌年の地方税としても10%が加わるので、クレームを言う人が出るでしょう。利益が4000万円を超えるときの最高税率は55%になるからです。

NEMのブロックチェーンの履歴を、盗まれる前に戻して、盗用通貨を無効にするハードフォークという方法があります。しかしこれは、NEMを持っている世界の人びとの賛同を得なければならないので難しい。ビットコインから分裂したビットコイン・キャンディーのように、新しい仮想通貨の発行と同じになるからです（時価総額2・2兆円：18年2月11日）。

NEMの相場は今日は58円で、1月26日の盗難事故以来、120円から2分の1に下げています（時価総額5262億円：18年2月11日）。NEMの今までの最高価格は18年1月4日の200円でした。

【最終的にインターネット回線から切ったコールドウォレット】

本項で述べてきた4つのセキュリティをかければ、外部からのハッキングをほとんど防ぐことができますが、銀行内の不正と同じように取引所システムやユーザーを管理している内部の担当による盗難は防ぐことは難しい。個人が万全を期すなら、自宅の金庫のように**自分のコールドウォレット**に保管しておき、1か月で使う分や送金する予定の分だけをスマホに入れることです（若干面倒ですが）。これはオープンなインターネットにつなぐPCのハッキング対策と同じです。

NEMが大量に盗まれた直後なので、個人のセキュリティ対策のほぼ全部を体系的に述べました。数万円なら、あきらめはつくでしょうが、数百万円、数千万円なら厳重なセキュリティ対策が必要でしょう。

安全のためコールドウォレットに移して保管しておいたけれど、開くためのパスフレーズを忘れたという日本人もいます。このウォレットを開いて、送金する手段は永久にありません。船から海に落としたスマホと同じですが、スマホは新しいものを買えばいい。コールドウォレットのお金（中身は秘密鍵）は、正しいパスフレーズを入れない限り開かない金庫と同じです。

「この中に時価で1億円入金されている」と他人に売ろうにも、誰にも送金できない仮想通貨は無価値です。100円で買う人もいるかもしれませんが、回路が壊れて復元できないSDメモリのように、単なるプラスチックです。

最近はバックアップで少なくなりましたが、私も1990年代はじめころ、ワープロで書いた締め切りのある原稿が自分の不注意で消えたことが幾度もありました。どうしようと部屋をうろつき、思い出して徹夜で書くしか方法はないとあきらめたのですが、同じものは書けません。書くことが仕事の人にとって、原稿は時間をかけて1字ずつ書くしか他に方法がないマネーであり、信用です。

第4章

仮想通貨の課題と問題への考察

Task Problem

(1) 多様な仮想通貨を選択して預金し、使う社会

図8に、仮想通貨を発行主体で分けた将来形を示します。2020年ころから順次、この方向に向かうと想定しています。まず政府系／中央銀行系です。米国、ユーロ、中国、日本などのG20（先進20か国）です。米国FRBは「FEDコイン」、ユーロECBは「ユーロコイン」、日銀は「円コイン、またはJBコイン」を発行することが想定できます。これらの仮想通貨は、資産のビットコインの下落から信用問題を引き起こすかもしれないテザーのように、**既存の通貨と交換レートがリンク**したものになるでしょう。100円＝JBコイン、1ドル＝FEDコインなどです。既存の通貨資産を背景に交換を保証します。

ICOのようなレート変動型にすると、資産・負債・商品価格に短期変動が生じ、混乱が起こるからです。金額が書かれる紙幣を今さら廃止できないからでもあります。なお国際送金の面で、貿易に使っているドル基軸通貨への影響は大きくなりますので第5章で論じます。

日銀が発行する政府系コインは、中央銀行に預金口座をもつことを許された**民間銀行と生保等の金融機関のみが利用できる**、限定されたものになると想定できます。

図8. 併存することになる多様な通貨：選択するのは個人

民間系仮想通貨は、現在1450種です。代表はビットコイン、イーサリアム、リップルです。

	G20 政府系 仮想通貨	商業銀行系 仮想通貨	電子マネー	民間系 仮想通貨
発行主体	中央銀行 G20は 先進20か国	銀行と民間金融機関	銀行／企業	任意団体／企業 ｜ タックスヘイブンの法域
レート	固定レート	固定 ｜ 変動	固定	売買で変動する
認証形式	クローズドな分散台帳	クローズドな分散台帳	本部サーバーの台帳	インターネット上のオープンな分散台帳
購入	銀行のみが使う	貸付／預金との交換	預金との交換	取引所（インターネット）
送受金	銀行ネット	銀行ネット／インターネット	銀行ネット	インターネット
財布／金庫	ウォレットのアプリ（＝それぞれが、固有アドレスと秘密鍵をもつ）			
貯蓄	中央銀行の当座預金	銀行預金と個人金庫	個人	銀行預金／取引所預託／タックスヘイブンへの預託／個人金庫
使える店舗	銀行のみが利用	世界中の店舗と銀行	限定店舗	世界中の店舗と銀行

国民や企業が直接に利用できる仮想通貨にすることも理論上は可能です。しかしわが国の場合、日本銀行が数億口座もある国民の預金を管理しなければならない。これは中央銀行の実務として無理に思えるからです。

事例を言うと、**ＩＭＦのＳＤＲ（国際通貨基金特別引き出し権）**は、**加盟各国の中央銀行と政府のみ**が使っている電子通貨です。ＩＭＦから融資を受けた国の国民は、ＩＭＦからのＳＤＲの融資という形で与えた与信（Credit）を得た中央銀行から、銀行に貸し付けられた通貨を間接的に使っています。

「間接的に使う」ということは信用の連鎖の関係があり、わかりにくいことかもしれません。民間銀行が他の銀行から借りている短期のコールローンやレポ金融の解消を迫られたとき（言い換えれば信用危機に陥ったとき）、政府または中央銀行が出資または貸付をして、銀行の貸付、つまり預金通貨の発行能力を強化することと同じです。

ＩＭＦのＳＤＲは、通貨の下落と信用危機に陥った国の中央銀行や政府に融資されていきます。ＳＤＲを貸付けられた中央銀行は、その国の金融危機と通貨下落からの信用危機で失った通貨の増発能力を、融資の分だけ回復します。通貨バスケットであるＳＤＲ（１ＳＤＲ＝約１６０円）を使った人を見た人は世界にいないはずです。ＳＤＲは、銀行から発行される預金通貨に変換されているからです。以上が、ＩＭＦが世界の政府・中央銀行に与信している**ＳＤＲをその国の国民が間接的に使っている**ことの意味です。

中国の人民銀行は外貨（ドルが70％、あとはユーロ＋円）を準備通貨にして、預金口座をもつ民間銀行に対して、人民元を発行しています。準備通貨とは、銀行が預金通貨を発行するもとになっている信用（credit）です。この信用は、国民が銀行を信用して与えた与信です。信用しない銀行には、国民は預金しないでしょう。**預金をすることが信用を与えている**のです。国民は銀行を信用して預金を預け、預けた預金を中央銀行の通貨である人民元や円として引き出して使っています。

円の準備通貨は、民間銀行が国債を日銀に売って増やした、日銀当座預金です。

「通貨は中央銀行が発行している」と言われ、われわれは「そうだ」と思いこんでいます。実際は違います。われわれが使っているのは、三菱ＵＦＪを代表とする**民間銀行システムが国民への貸付金として発行した預金通貨**です。

紙幣とは預金通貨を、中央銀行が作った銀行券として引き出したものです。民間銀行の預金通貨こそがわれわれが使っている通貨のもとです。その呼称が中央銀行が発行した「円」です。

中央銀行が国民の預金口座をもち、国民に直接、円を供給することは机上論では可能です。そのときは、民間銀行は日銀の支店になります。ただし、これは銀行資本が消滅することです。日銀は銀行の株主資本を無効にすることはできないでしょう。これはドルのＦＲＢ、そしてユーロのＥＣＢも同じです。

共産体制の人民銀行なら、これが実行できるでしょう。民間銀行と言っても、ＣＥＯは共産党から指名された幹部であり、事実上、国有銀行だからです。しかし中国でも、人民銀行が13億人の国民の預金口座をもったりはしません。実務上の無理があるからです。

【政府系と銀行系の仮想通貨の関係】

以上から**G20クラスの中央銀行系仮想通貨は、そこに預金口座をもつ民間銀行と生保等の金融機関に限定**されるでしょう。中央銀行が直接に、国民に対して仮想通貨を発行することはないということです。

①中央銀行は国債や債券を買うか、金融機関に貸付けをして、当座預金に仮想通貨を振り込んで発行する。

②金融機関は中央銀行への当座預金を準備通貨として、国民から預金を預かり、国民に仮想通貨を融資する方法です。これは既存の通貨で行われていることと同じです。

この場合、**国民に対して政府系仮想通貨を発行するのは銀行**に委任されます。図8の商業銀行系の仮想通貨がこれです。国民の仮想通貨での預金資産は、銀行預金ということになります。そして「仮想通貨預金→紙幣」としても引き出せるものです。中央銀行の紙幣の発行は継続しなければならない。

その紙幣の形態は仮想通貨のペーパーウォレットのように、**金額と秘密鍵の番号が書かれたもの**になるでしょう。日本銀行券のユニークな番号である、KJ422336Jなどがもっと長い数字になって秘密鍵の番号に変わると言えば、イメージが浮かびます。「1万円：秘密鍵：＊＊＊＊＊＊」という表示です。預金するとき、あるいは支払うときは、その仮想通貨の紙幣を銀行や店舗に渡します。使う方法は、既存の紙幣と同じです。タンス預金もできます。ただし、紙幣型のペーパーウォレットにも問題はあります。秘密鍵の数字を知られてしまうと、紙幣が手もとや金庫にあっても盗まれたことと同じになるのです。そしてお金が使われるたびに秘密鍵が無効になるので、使ったあとは廃棄するワンタイム紙幣となります。つまり1回しか流通しない紙幣になるのです。以上のことから紙ではなく、ＩＣ型のクレジットカードになることが想定できます。カード1枚につき、10万円以下の仮想通貨をいれるものです。この点は研究が必要です。

なお商業銀行は、価値を固定する中央銀行系仮想通貨を扱うとともに、その銀行独自の仮想通貨をＩＣＯで発行できるようにもなるでしょう。これはビットコインやイーサリアム、リップルのように、価格が変動する仮想通貨のコインです。電子マネーは、現在と同じです。

【民間系の仮想通貨】

前掲図8に示した「民間系仮想通貨」が、１４５０種登場している現在の仮想通貨です。

店頭の商品のように、**①信用性、②利便性、③安全性、④利益性、⑤商品価値のようなブランド性**を競うことになるでしょう。国民は政府系仮想通貨の銀行預金で、株のように価格が変動する民間系仮想通貨を買うことになります。売れば、政府系仮想通貨に変わります。もちろん、株を買わない人もいるように、民間系の仮想通貨をいっさい買わない人も存在できます。これが多数派かもしれません。

民間系仮想通貨の売買は、銀行の店頭である**外為市場での外貨の売買**をイメージするといいでしょう。

外貨は毎時間、価格が変動しています。固定レートの政府系仮想通貨で、変動レートの外貨を売買する感覚です。外貨と違う点は、仮想通貨は自国の通貨に交換しなくても、店頭でそのままビットコインのように使えるということです。ただし価格が変動する仮想通貨では、使った金額で合計20万円以上の利益が出た場合、雑所得としての課税があるので注意が必要です。

１４５０種の中にはいつまで経ってもブランド性を獲得できず、１円以上の価格がつかないグラスコイン（雑草のような仮想通貨）のままで、消えていくものも多いはずです。一方で、特徴をもった新規登場も増えるでしょう。

【タックス・ヘイブン系の仮想通貨】

タックス・ヘイブン100か所の法域が発行するであろう仮想通貨は、民間系の仮想通貨に分類できます。現在でも推計4000兆円の巨額マネーがある**タックス・ヘイブンでの仮想通貨へのニーズは高い**。その法域にとどまる限りは、前述④の非課税という利益特権が大きくなるからです。タックス・ヘイブンの窓口は、HSBCのような外資系銀行と日本のエージェント機関です。入国査証のときのように、わずかな英語力が必要になります。

タックス・ヘイブンに本拠をもつ、**オフショアのヘッジファンドに口座を開設**すると、その口座へ預託した政府系のマネーは、タックス・ヘイブンにあることになります。インターネットで口座開設ができるのは、今でもヘッジファンド証券、Interactive Brokersなど多数があります。いずれもグーグルで検索ができます。

【多種多様な通貨を個人が選択する時代へ】

法定通貨のみ使用されている現在から、多種の仮想通貨が使われる未来は、イメージが難しいかもしれません。しばらくすれば、多種の仮想通貨を使えるウォレットが、**「ユニバー**

サル仮想通貨カード（ウォレット機能をもつ）」のような形で登場するでしょう。1枚のカードで、多くの仮想通貨を使うことができるウォレットです。いろいろな仮想通貨を買ったとき、このウォレットにいれて、店頭や銀行でも、ICが入ったユニバーサルカードを使う。メモリのデータ容量は今や64ギガバイトですから、カードが1台のコンピュータになるのです。

G20系のドル、円、人民元、ユーロ、英国ポンド、オーストラリアドル、カナダドル、スイスフランも、われわれが銀行のインターネットで直接に売買できるものに変わっていきます。政府系の法定通貨も、その形態が仮想通貨になると、**ドル、ユーロ、スイスフランも、直接に国内の店舗で使うことができる**ようになっていくからです。もちろん、ある店舗は円の仮想通貨しか受け付けない。別の店は、外貨の仮想通貨もその日の交換レートで受け付けるということです。店舗側も仮想通貨を選択します。

19か国がユーロになる前の欧州がこれでした。ドイツからフランスに行くと、フランスフランでした。各国をめぐる欧州旅行のときは、ポンド、マルク、フラン、リラ、ドラクマ（ギリシャ）、エスクード（ポルトガル）など多種の紙幣とコインが財布に混在し、これはどこの通貨だったかと混乱していました。電子信号の仮想通貨では、この混乱がない。**「多種の仮想通貨がはいるウォレット」**でコインと相場を選択して、ワンクリックすれば支払いが済むからです。財布に入った10枚のクレジットカードの使いわけより簡単でしょう。

簡単なユーザーインターフェースは、日常的な通貨では重要です。しばらくすれば、携帯のAIの通訳も作られます。外国での言葉の障害もなくなるのです。日本語で言えば、その国の言語を喋(しゃべ)ってくれるスマホのアプリは、難なく作ることができます。通貨も言語も、世界に多種のものがあることの障害はなくなっていくのです。

他国籍の通貨への交換障壁がある現在ではイメージしにくいことですが、以上の素描が、われわれが通貨を容易に選択できる社会です。各国の仮想通貨は、現在の外貨のように世界人口の70億人のユーザーの選択により、レートが動くものになります。

政府系コインの円、人民元、ユーロ、英国ポンド、オーストラリアドル、カナダドル、スイスフランと民間系の仮想通貨が一線に並びます。多く使われる通貨は上がり、人気のないものは下がるように競合するでしょう。これが政府系コインが仮想通貨になったとき、生じる変化でしょう。

インターネットで送金できるため**どの国でも使える国際性をもつ仮想通貨**になると、海外に行かなくても国内で使うことができるようになるからです。

現在、世界の通貨は政府・中央銀行によって、自国通貨安を競っています（米ドル以外）。

目的は輸出の増進です。しかし多国籍の仮想通貨が入り乱れる時代になると、安くなる通貨は国民から忌避(きひ)されるようになっていきます。その通貨で買うと物価が高くなるからです。

この変化によって、**中央銀行の金融政策は正常化**を競うように変わっていきます。たとえば円コインが日銀により大量発行されて価値が下がると、発行が安定していて価値が上がる他国のコイン通貨に振り替わっていくからです。

鎌倉時代には幕府が通貨を発行しなかったので、中国の宋銭(そうせん)が使われていました。アフリカの村や南米の街でも、円コインやスイスフランコインを使う人がいるのが仮想通貨の時代のイメージです。仮想通貨の時代で法定通貨を使うことを強制するのは**名目**だけになり、意味がなくなっていきます。1年に約4兆円に増えた中国からのインバウンド消費で考えてみてください。人民元の仮想通貨が中国人の特に多い心斎橋の百貨店や店舗で使われると言えば、その映像が浮かぶでしょう。

19世紀以降の近代では、各国の通貨は中央集権を果たした国民国家の政府によって統一されました。仮想通貨の時代はこの枠が壊れ、人びとが通貨を**自己責任で選択する社会**になっていくでしょう。

国内の使用に限定される仮想通貨の価格は、**国際的な利便性の低下**により外貨との交換レートが低くなるので、政府も自国の法定通貨だけの強制ができなくなっていくのです。これが通貨交換が容易になる仮想通貨の時代における変化でしょう。日本でしか使えない通貨、中国でしか使えない通貨は、世界中で使える通貨より利用価値が低くなって使用が減り、価格が下がるからです。

国家をもたなかったロスチャイルド家がイメージしていた世界統一通貨とは、ＳＤＲという国際通貨を発行しているＩＭＦに似た、世界統一銀行による通貨の発行ではありません。人びとが多種の仮想通貨を選択できるこのような社会だったのかもしれません。マーシャル・マクルーハンが50年前にイメージしていた**価値を運ぶメディア**（Vehicleの通貨）**はまさにメッセージ**（仮想通貨の電子信号）です。

⑵民間系ＩＣＯ型仮想通貨のボラティリティ（価格変動率の高さ）の問題

【仮想通貨価格の投機的な乱高下と言われるが…】

経済学者には、ＩＣＯ型の仮想通貨の将来に否定的な見方が多い。「大きく価格変動するＩＣＯ型の仮想通貨は、決済手段として使えない。17世紀オランダのチューリップの球根のように、ある日、突然価格が下がり消えていく」という意見が代表でしょう。

確かに2017年から18年にかけて仮想通貨の価格変動率は大きい。

図9-1に、現在の仮想通貨の代表であるビットコインの価格を、17年5月から18年2月18日まで示します。最高は17年の12月17日の222万円でした。その後、①シカゴ市場への先物上場後のヘッジファンドによる先物売り、②18年1月の中国、韓国の規制強化、③コインチェックの580億円の盗難から生じた取引所のセキュリティ不安という複合的な原因で、18年2月6日には67万円に下がっていました。222万円からは70%も下がって30%。古来、相場崩落のときの底値と言われてきた「半値・八掛け・2割引（0・5×0・8×0・8＝0・32）」を示したのです。その後は67万円を底値としてリバウンドし、2月17日には114万円（ピークの51%）まで回復しています。11日間で2倍に上昇という、変化の時間が株価の約10倍早いのが仮想通貨の特徴です。

同じとき他の**仮想通貨（アルトコイン）の全体もビットコインのように乱高下**を続けています。この大きな価格変動は、日本だけでも1日3兆円の売買がある株式市場に比べて、世界の仮想通貨の売買高が約7分の1と少ないためです。少しの売りの攻勢で暴落し、わずかな買いの増加で暴騰するからです。

ビットコインが最初に世界から注目を浴びたのは、**2013年の3月のキプロスの銀行危機**のときでした。キプロスは、タックス・ヘイブンです。銀行は金利が高いギリシャ国債を買っていました。南欧債の危機が起こり、大きく下げたのは財政危機のギリシャ国債でした。キプロスの銀行は信用縮小から、預金引き出しを制限しました。

キプロスの銀行にマネー・ロンダリング含みで多く預金していたのは、**ロシアと中国**でした。両国の富裕者は、一般預金者に対しては引き出しが制限されていた預金を引き出してビットコインを買って脱出を図ったため、価格が急騰したのです。13年3月のビットコインは前年の約5倍の5000円でしたが、その後の13年12月まで買いが急増して24倍の12万円に上がっています。このとき、NHKはビットコインの特集を放映しています。

高騰直後に、中国政府が仮想通貨の売買を禁止しています。そして14年に460億円が消失したというマウントゴックスの破産（当時は世界一の取引所：盗難かどうか不明で裁判中）から、価格は5万円付近に下がっています。このハッキングは香港のIP（インターネット上の住所）アドレスからとされていますが、今も不明なままです。

2014年12月の5万円のあと、15年には5万円から3万円の間を波動しました。16年には、再び世界の90％の売買を占めていた中国人の買いによって、6万円に上がっていったのです。中国人の仮想通貨の買いの目的の多くが**人民元からの脱出**（マネーエクソダス）です。これはロシアと同じマネー・ロンダリングに近いものです。

中国政府は17年9月から、再び仮想通貨の使用と売買を禁じて取引所も閉鎖させています。何度も規制を行うのは、仮想通貨が流れるインターネットは鎖国ができず、いくらでも**抜け道**があるからです。

その後の17年6月からは、2013年から円が増発されている日本人（世界の売買額の50％）と、米国人（同30％）の買いによって、ビットコインは年初の20倍の222万円まで上がっています（17年12月17日）。17年12月には、他の仮想通貨も大きく上がったのです。

ビットコインの価格は、14年12月の5万円から17年12月の**3年間で44倍**です。途中で暴落をしながら、バブル相場を超える指数関数の山脈を登るように高騰してきました。2018年は2月6日まで30％への暴落と、その後の11日間の60％へのリバウンドです。下落した直後の人間の自然な感情では、その後も底なしに下がるように思えます。しかし将来の有効性が予想されることから、株価の暴落後のように底値の30％で反騰しました。仮想通貨に関しては、根拠がないとする反仮想通貨の大部分のグループと、将来を強く期待している少数者のグループに分かれています。

図9-1. ビットコインの価格／円

（ビット・フライヤー：17年5月～18年2月12日）

図9-2. 世界の時価総額で1位のアップルの株価

（90年～18年2月）

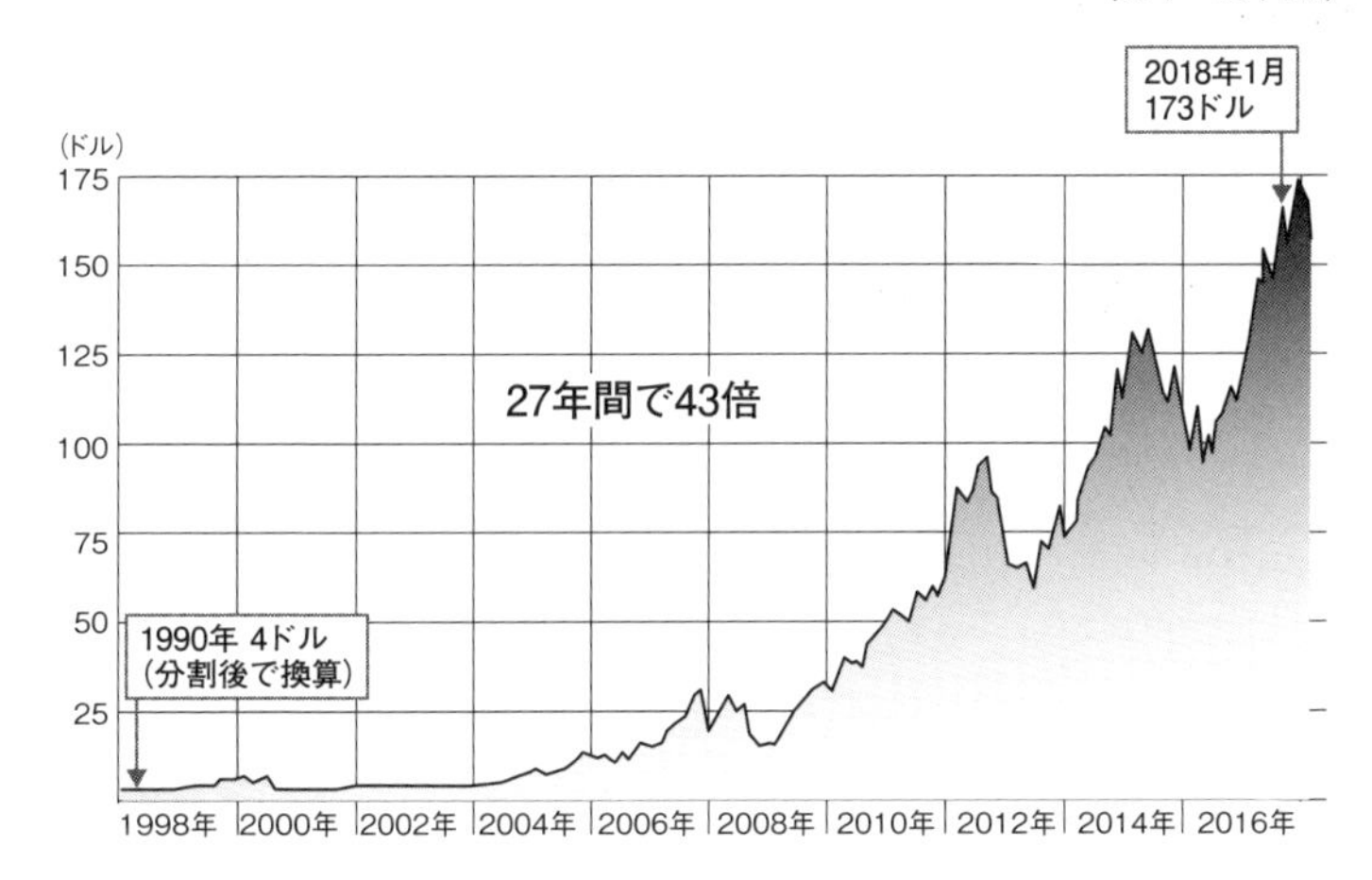

ビットコインの価格は、3年間で44倍に上がった（下落前の17年12月17日まで）。
アップルの株価は、27年間で、43倍に上がっている（18年2月16日まで）。
ビットコインの価格は、アップルの株価の時間を、約9倍に圧縮した相似形。

https://jp.reuters.com/investing/stocks/chart/AAPL.O

図9-1では、価格のグラフとして17年5月から18年2月までを示しています。価格高騰と乱気流に入った飛行機のような乱高下は、どう解釈すべきか。失速からの墜落はないのか。一般には、経済学者とメディアの過半は**「根拠のない投機相場の崩壊」**というラベルを貼って簡単に片付けています。仮想通貨の有効性を認める本書では、この投機的な相場とは何かを分析して見なければならないでしょう。

ビットコインの時価総額（時価×1650万BTC）は、価格が200万円のとき33兆円でした。110万円付近の現在は18兆円です。トヨタの時価総額が20兆円くらいですから、およそそれに匹敵しています。市場はトヨタの企業価値とビットコインの価値をほぼ同等に評価していることになります。

【アップル株価との対比】

世界の株式市場で1位の時価総額はアップルです。18年1月で8593億ドル（94兆円）と巨大です。株価では173ドル（2月18日）。このアップルの株価も27年前の1990年には4ドルでした。14倍への分割（株数では14倍）があったので、現在の発行数で換算したものがこの4ドルです。**27年間で約43倍**に高騰しています。年率平均で15％の上昇でした。27年間も平均年率で15%上がったのですから、すごい上昇率です。

図9-2には、1990年から18年2月までのアップルの株価を示しています。08年、13年、15年と3回大きく価格を下げていますが、トレンドの基本は急峻（きゅうしゅん）な右肩上がりでした。27年で43倍に上がったアップルの株価と、3年間で44倍に高騰したビットコインの価格は、**図に見るように相似形**です（17年12月17日まで）。両者の長期価格を調べる過程で、少し驚きました。

ビットコインとITのアップルでは、価格を変える要因はまるで異なります。しかし、アップルの株価での27年という時間を3年に圧縮すると、ビットコインと相似形になるからです。ビットコインの価格は、17年12月17日までは、**アップルの9年分を1年で再現**しているように思えるのです。

次に、仮想通貨最大の問題とされている大きなボラティリティを見ていきます。

【ボラティリティからの検討】

続く図10-1には、ビットコインの価格変動であるボラティリティを示しています。ボラティリティは、限月（契約の期限日）までに、**一定価格（権利行使の価格）で売買する権利を買**

うオプション料を計算するブラックショールズ方程式の、逆算で求められる価格変動率です（投資家の心理的なインプライド・ボラティリティという）。

これは、価格の標準偏差である**ヒストリカル・ボラティリティ**とほぼ等しくなります。**ボラティリティとは、標準偏差で表した価格の変動率**です。図10-1のビットコイン1日当たりのボラティリティの推移グラフ（17年3月〜18年1月）と、図10-2のアップル株1日当たり変動率（17年3月〜18年2月）を比べると、これもまた驚くくらい似ています。

ただし、ビットコインは**1日に2・5%から7・5%、平均では5%という大きな変動率**です。価格を100万円と仮定したとき、明日は約5万円上がるか、あるいは5万円下がるかしているということです。これが1日のボラティリティが5%ということの意味です。1日で5万円の価格変動は、金融商品としては大きなものです。

外貨である**「ドル/円」は1日の平均変動幅は1%前後**ですから、ビットコインはこの5倍です。こうした変動率の大きさは、他のすべての仮想通貨に共通しています。変動率の大きさからも「仮想通貨への投資は賭けのような投機である」という非難が出てきます。

変動率のパターンがビットコインに類似しているアップル株の価格変動率は、1日当たりで1%から2%です。年間平均で1・5%でしょう。「ドル/円」より1・5倍、変動幅が

図10-1. ビットコインの1日当たりのボラティリティ：ドル価格（2017年3月〜18年1月）

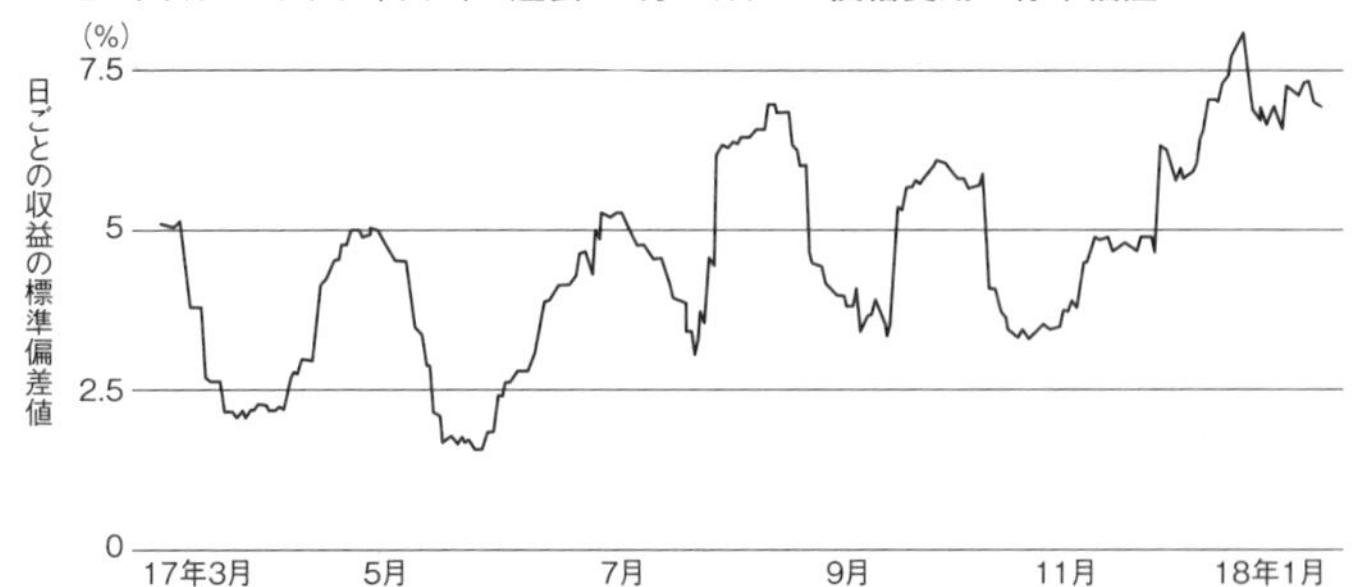

1日のボラティリティが5%の意味
→1か月間（20日）では、$5\times\sqrt{20}=5\times4.5=22.5\%$の変動幅
→3か月間（60日）では、$5\times\sqrt{60}=5\times7.7=38.5\%$の変動幅
→1年（240日）では、$5\times\sqrt{240}=5\times15.5=77.5\%$の変動幅

図10-2. アップルの株価の1日当たりのボラティリティ：ドル価格（17年3月〜18年2月）

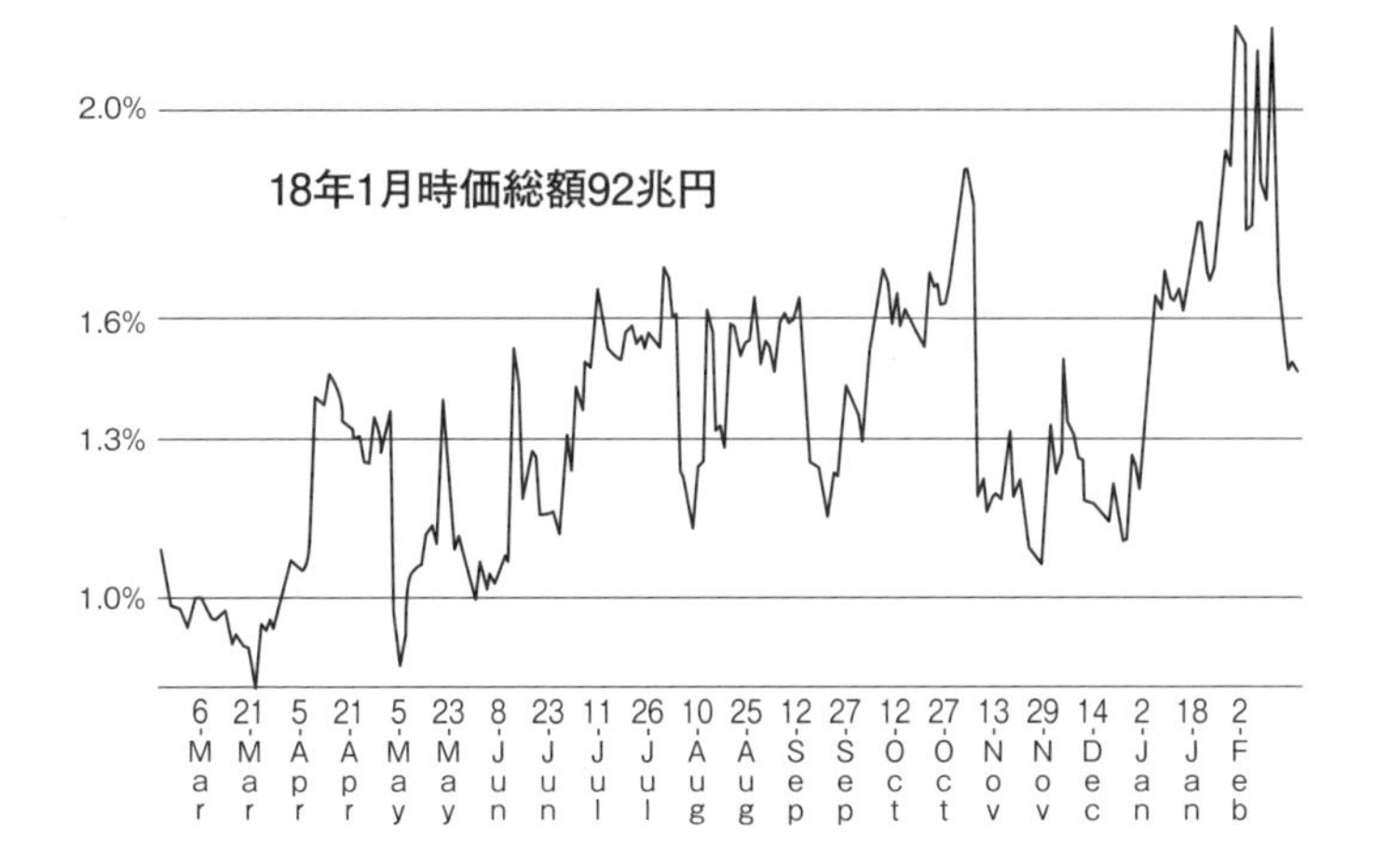

大きい。**日経平均の1日当たりの平均価格変動率1・4%とほぼ同じ**です（18年2月）。

過去5年、日経225の価格変動率は、価格が大きく動くときは1日に2%水準、動かないときで1・25%くらいです。日経平均は225社の株価の単純平均ですが、いろいろな業種が入っているので、日本株の価格変動のパターンでも平均値と見ていいものです。

価格変動のグラフでは、**ビットコインの3年間の上昇は44倍**（17年12月まで）で、アップル株は27年で43倍、つまりアップル株の9年の変化を1年に時間圧縮したものでした。

ボラティリティでは、9年分の変動幅を1年に変換すると、「1÷√9＝1／3≒0・33倍」に小さくなります。1年間では、9年間の変動率が0・33倍に縮小します。この観点で、ビットコインのボラティリティの**1日当たり5%の9年分を1年に圧縮すると「5%×0・33倍＝1・65%」**になります。

アップル株の1日のボラティリティは平均で1・5%です。つまりビットコインの価格変動は、**アップル株の9年間の変動を1年に時間圧縮**したものだったということがほぼ完全に導けます。

実際の投資で言うと、

・アップル株を9倍のレバレッジで売買したとき、
・ビットコインと同じ変動パターンのボラティリティだったと言えます。
つまりアップル株を9倍のボラティリティで売買したときと、ビットコインをレバレッジなしで売買したときと、同じ利益率または損失率だったということになります。

さらにこの意味は、**アップル株で先物または差金決済取引の株CFD（Contract For Difference）を売買したときと同じリスク率だった**ということです。普通、先物の売買では売り持ちや買い持ちの平均ポジションが証拠金の10倍程度になり、差金決済取引でも10倍のレバレッジにはなるからです。

仮想通貨への投資が投機と言われている内容は、以上のことに尽くされます。

結論をいうなら**ビットコインのリスク率は、アップル株の先物取引またはCFDの差金決済取引と同じもの**だったということです。これを投機的とするか、投資的と見るか、判断は投資家自身が行うべきものです。

筆者は、前項で述べてきたように将来の有用性が高まり普及が広がるので、仮想通貨の投機的リスクだけが大きいとは思っていません。先物取引またはCFDの差金決済取引での株式並みであると判断しているからです。

ただし、これも株式と同じように、仮想通貨の銘柄を選ぶ必要があります。東証一部の上場社数の70%にも相当する1450種の中には、消えるグラスコインも多いからです。

(3) 51%問題の検討

システムの専門家から、ブロックチェーン型の仮想通貨には51%問題があると言われることがあります。全体の51%以上の計算能力をもったマイナー（発掘/認証者）のグループが悪意をもって連携し、**仮想通貨のブロックチェーンの認証を乗っ取る**ことです。

2014年7月には、Ghash.ioというマイナーグループの計算能力がビットコインの認証で50%を上回って、認証乗っ取りを懸念されたことがあります。このとき51%攻撃の悪意を警戒した投資家が多く、ビットコインの価格が9万円から3・5万円にまで61%も下がっています。**ビットコインが暴落するときは30%から40%の価格に下げる特徴**をもっています。

ここでも「半値・八掛け・二割引」です。しかし、ビットコインを潰すような悪意をもった攻撃は行われず、その後の価格は17年4月の12万円まで戻しました。51%に達しても悪意からの攻撃を行えば、行った側もビットコインの下落で損をするからです。

電気代が先進国の8分の1以下と破格に安い中国などで、数百人のマイナーがグルになってマイニングをして「51％攻撃」と言われる破壊工作を仕掛け、**ブロックチェーンの最後のブロックを改ざん**したと仮定します。前のブロックは改ざんできません。最初に出された偽の認証に対して、上位51％のマイナーがイエスとして、ニセの認証をしあうことが51％攻撃なのです。

この攻撃の対象になった仮想通貨では、以下の3つのことが起こります。

①マイニング報酬の独占。51％を占めるグループが**マイニング報酬を独占**することです。これだけなら特に障害はもたらさないのですが、少数派マイナーの撤退を引き起こすことになるでしょう。ビットコインの場合は、マイニングの報酬は10分で12・5BTC（100万円として1250万円）、1日で18億円、年間では27337億円になります。ただし、コンピュータのコストと電力費も莫大です。

②最後の10分間に送金された仮想通貨の新しい履歴を取り消すことよる、**二重払い**。これはニセ札の発行と同じです。

③そして**正当な送金を51％グループが認証しない**ことが起こる可能性があります。ユーザーが正当に送金しても、「有効」という情報を、51％グループが協力して送ら

ないことです。仮想通貨の持ち手の送金や支払いができなくなります。

過去の取引履歴が格納された**ブロックチェーンを書き換えることは、どんなに計算能力があっても不可能**なため、他人の仮想通貨を奪うことはできません。

書き換えることができるのは、もっとも近い10分間に発生した新しい取引分だけです。これはすぐに、「正当な支払いが認証されない」としてユーザーにわかるので、多額を奪うことはできません。

51％攻撃の対象になった通貨は、**「支払いが認証されない。または二重払いが発生した」**としてすぐわかり、大規模なシステムをもたねばならないマイナーも特定できます。51％問題が実際に起こると、仮想通貨の市場価格が大きく下がるでしょう。攻撃されたものは使えない仮想通貨になって、市場での買い手がなくなり、ゼロ円にも下がるでしょう。

取引所のビットフライヤーも「51％攻撃を行ったとしても利益を得ることはできないことを知っているため、計算速度の速いマイナーが集まって51％攻撃を行う意味はないと考えられています」と答えています。攻撃した仮想通貨が無価値になれば、大きなコストをかけて51％の計算能力を集結し、認証を乗っ取った意味がないからです。

数百人の集団でしめし合わせて、どの国がこの51％攻撃をしかけるでしょうか。これはA

の仮想通貨の価値をなくして、Bの仮想通貨を高くするという目的でしかあり得ない。しかし、Aの仮想通貨が無価値になったという理由からBの仮想通貨が上がることはない。逆にBの仮想通貨も、51%問題から投資家から売られて下がるかもしれない。

以上から、51%攻撃を行う可能性があるのは、現在の**法定通貨の発行利益を失わないために民間系の仮想通貨を潰したいと考える、どこかの政府**しかない。仮想通貨の全体を潰すことによって利益を受ける国が電子戦争のように、51%攻撃プロジェクトを立ち上げるしかないのです。このプロジェクトの行為は犯罪です。それにシステムが大規模になるので、すぐにバレます。ある国以外の、まともな政府では行えないでしょう。

ただし、**セキュリティが弱い取引所にハッキング**し、ウォレット内の秘密鍵を盗んで、仮想通貨を不正に送金する犯罪は数億円、数百億円になることがあるので、成功者は採算に乗るでしょう。このため今後も、あれこれ実行されることは想定できます。これが、電子時代の銀行強盗です。しかし、懸念されてきた51%攻撃の可能性は考えられません。

ちなみにリアルの銀行強盗も、採算に合いません。すでに株券や国債が電子化されているので、銀行からは盗むことができないからです。19世紀や20世紀初頭までのように、金と紙幣を保管していた時代の銀行強盗はない。金庫は大袈裟（おおげさ）ですが、その中には金銭

消費貸借契約書（貸付金の証書）のような書類があるだけで、紙幣はわずかしかない。ATMを破壊して数百万円盗むくらいの小さいものです。電子時代の窃盗は、知識の少ない人からお金を集める詐欺的なICOに変わったからです。太古の昔から、お金のある場所には犯罪ありです。仮想通貨の時代にもこれは変わらず、方法が変わっていきます。

(4)量子コンピュータが仮想通貨最大の脅威であるという論

量子コンピュータは、現在の計算機の1億倍から10億倍の計算速度をもつものです。2017年11月には、NTTが実験的にインターネットでの利用を開始しています。NECも開発しています。スーパーコンピュータでも数千年かかる計算を数分でできるとされています。

仮想通貨とは秘密鍵です。送金先には知らされる公開鍵からは秘密鍵は計算できないことが「秘密鍵→（不可逆関数）→公開鍵」のセキュリティの要所です。

皆に知らされる公開鍵から秘密鍵が計算できると、そのウォレットのパスワードを破るだ

けでハッキングを受けて、知らないうちにそっくり盗まれるからです。スーパーコンピューターの1億倍の計算速度の量子コンピュータで計算すれば、数分で秘密鍵を探しあてることもできるからです。

実用化に10年はかかるとされていますが、そのときは、現在のセキュリティの方式は無効になります。51％問題に似て、仮想通貨が無効になることも意味します。

量子コンピュータが脅威として浮上する時期には、**①ワンタイムで使い捨てる秘密鍵方式**に変えて、**②2進法ではなく3進法の秘密鍵**にすれば、量子コンピュータにも解けない暗号になります。

この対策を済ましている仮想通貨としては、NEO（ネオ）（1・4万円）、ADA（エイダコイン）（41円）、IOTA（アイオタ）（218円）、QTUM（クアンタム）（4300円）、QRL（キューアールエル）（142円）、HShare（エイチシェア）（1364円）などがすでに存在しています。ビットコインやイーサリアムも時期を見て対応するでしょう。

仮想通貨についての技術的な否定論の多くは、もっとも早く普及したビットコインの初期の仕組みや、多種のアプリがあるウォレットの機能の欠陥についてのものです。量子コンピュータも51％問題と同じように、仮想通貨全体の脅威にはならないと判断しています。

⑸仮想通貨を買っている人は金融リテラシーが低いのか

【買っているのは未成熟な人たち？】

「投機的な仮想通貨を買っている人は、**金融リテラシーのない未成熟な人たち**」という経済学者の言葉を聞いたことがあります。「とんでもない論」ですが、類似の見解も多い。

金融リテラシーについて日本証券業協会では以下のように定義しています。

「金融リテラシー」とは、金融に関する知識や情報を正しく理解し、自らが主体的に判断することのできる能力であり、社会人として経済的に自立し、より良い暮らしを送っていく上で欠かせない生活スキルです。国民一人ひとりが金融リテラシーを身に付けることは、健全で質の高い金融商品の供給を促し、我が国の家計金融資産の有効活用につながることが期待されます。

（注）この定義には、いろいろな問題があります。たとえば、「健全で質の高い金融商品」とは何を指すのでしょう。「我が国の家計金融資産の有効活用」とは何を意味するのか。

世帯の預金を誰が有効活用するのか……。証券業協会でしょうか。

仮想通貨を買っている人の多くは、**20代から40代**です。取引所の口座登録から見て、この**世代の3％**が仮想通貨を売買していると推計されています。

金融リテラシーが低いということは「金融商品に関する知識や情報を正しく理解し、自らが主体的に判断することのできる能力」が未熟だということでしょう。

【仮想通貨の投機性】

経済学者氏の発言の重点は「**投機的な仮想通貨**」という点にあります。その内容は、価格変動率が高い金融商品は買うべきではないということに帰結するのでしょう。

確かに、仮想通貨の価格変動率、つまり**ヒストリカル・ボラティリティ（HVI）**は高い。

HVIは、日々変動する価格の**標準偏差を平均価格で割ったもの**です。

図11に18年2月初旬の金融商品の価格変動幅を並べています。ボラティリティが大きな順にいえば、

・ビットコインが5％、

・円価格での金が2・0％、

図11. 金融商品のボラティリティの比較（18年2月初旬のもの）

1日当たりボラティリティ×4.5倍＝1か月後の予想価格幅
1日当たりボラティリティ× 8倍＝3か月後の予想価格幅

金融商品の種別	1日当たりの価格変動率	価格変動の平均値／日	1か月後の予想価格幅（±）	3か月後の予想価格幅（±）
ビットコイン（円）	2.5%〜7.5%	5.0%	11%〜33%	20%〜60%
アップル株（ドル）	1.0%〜2.0%	1.5%	5.4%〜9.5%	9.6%〜16.8%
金（円）	2.0%〜2.5%	2.0%	9.0%〜11.3%	16.0%〜20.0%
日経225種	1.2%〜2.1%	1.5%	5.4%〜9.5%	9.6%〜16.8%
ダウ工業株30種	0.8%〜1.7%	1.2%	3.6%〜7.7%	6.4%〜14.4%
米ドル／円	0.8%〜1.5%	1.0%	3.6%〜6.8%	6.4%〜12.0%
原油（ドル）	0.6%〜1%	0.8%	2.7%〜4.5%	4.8%〜8.0%

・アップル株が１・５％、
・日経平均が１・５％、
・米国のダウ工業株30種が１・２％、
・ドル／円の通貨ペアが１・０％、
・ドル価格での原油が０・８％です。

いずれも、１日当たりの変動率です。

ビットコインの価格は、１日当たりで平均５％という大きな変動をしています。18年２月６日の67万円を底値にして、２月20日には１２４万円と約２倍に上がっています。１か月後に延長すれば、ボラティリティの幅は「√20＝約４・５倍」になるので、「±22・５％」です。１か月後の価格では、「１２４万円±１２４万円×22・５％≒１２４万円±28万円＝96万円から１５２万円」の幅に収まる確率が68％（3分の2）という意味になります。

1日のボラティリティ（価格変動幅）を1か月に延長するときは、一般取引所の**開場日の20日の平方根をとって「√20≒4・5」を掛けます**。1年に延長するには240日の平方根（√240≒15・5）です。逆に1年のボラティリティ（価格変動幅）を1日に短縮するときは、15・5で割ります。この原理は**「分散の加法性の定理」**からきています。数学的な分散は標準偏差（＝誤差の平方根）の2乗です。分散では、異なる金融商品の価格変動を足せば分散が大きくなるという「加法性の定理」があるので、足して平方根の√n（ルートn）で戻すと、足したときの誤差（標準偏差）になります。分散の平方根を標準偏差と統計学で定義しているからです。標準偏差を計算するときのサンプル数での変化形が、統計学の全体と言っていいでしょう。

なお相場商品のボラティリティには、

①オプション権（一定価格で売買する権利）の価格から逆算したインプライド・ボラティリティ（投資家の心理による価格変動率）と、

②価格変化からとったヒストリカル・ボラティリティ（価格変動からとった標準偏差）がありますが、両者の値は、金利という要素を除くとほぼ同じです。現在は長期金利が低いので、金利を無視して計算していいのです。

インプライド・ボラティリティは、ブラックショールズ方程式（ノーベル賞を授与されたファイナンス理論）から計算されることが多い。経済メディアでは恐怖指数として紹介されますが、これは恐怖ではなく、将来の価格の確率的な変動幅です。つまりリスク率です。このリスクも金融では、投資した金融商品が下がることでの損の確率だけではなく、上がることでの利益の確率も等分に示しています。損だけを示して「危ない」ということではない。金融の記者が標準偏差とブラックショールズ方程式を漠然としか理解していないため、恐怖指数とだけ記事に書いているのでしょう。恐怖指数は、ボラティリティの半面でしかありません。

確かに仮想通貨の代表であるビットコインの1日当たりの価格変動率は、平均でも5％と高い。一方で金は平均2％、日経平均は1・5％です。ドル／円の通貨ペアは1・0％です。

【投機性を高める現代金融のレバレッジ】

「金融リテラシーのある成熟した投資家はボラティリティの高いビットコインは選ばず、金・日経平均・ドル／円を選ぶ」というのが、先述の発言をした経済学者氏の見解でしょう。

ところが実際に金融リテラシーがあって投資に慣れた人が行うのは、**株ではレバレッジ（借り入れによる投資）のかかる先物やオプション、通貨ではＦＸ（外為証拠金取引）**でしょう。日経平均の先物や

ＣＦＤ（差金決済取引）では、個人が行っても最大33倍のレバレッジがかかります。レバレッジは信用取引と訳されていますが、的確に言えば「返済期限付きの借入金での投資」です。先物や差金取引を実際に行うと、10倍くらいのレバレッジは普通にかかります。レバレッジとは証券会社に差し入れる**証拠金に対し、何倍のポジション（売持ちまたは買持ち）になるかという倍率**です。日経平均では６００万円の証拠金を差し入れると、最大で２億円のポジションです。

ＦＸでも証券会社によって違いますが、少なくとも**証拠金の20倍のレバレッジ**をかけることができます。１００万円の証拠金で２０００万円分のドルの売買ができるということです。なお日経平均という会社はありません。それは２２５社の株価の、単純平均の指数です。

日経平均（指数先物）を売買したとき、差し入れた証拠金に対し平均10倍のポジションとします。このときの損益のボラティリティ、つまり証拠金に対する利益と損の確率的な幅は、1日では「ボラティリティ1%×10倍＝10%」に、1か月では「1%×4・5×10倍＝45%」に拡大します。レバレッジでは、ボラティリティも拡大します。

ビットコインは1日平均で5%、1か月では4・5倍の22・5%が利益と損の確率的な幅です。1か月では、レバレッジがかかる日経平均の先物はビットコインよりボラティリティが高くなるのです。

以上から投機的投資を行わないということで、「金融リテラシーのある人は、日経平均先物やＣＦＤ（差金決済取引）あるいはＦＸ（外為証拠金取引）は行わない」と先の経済学者氏は述べていることになります。これがとんでもない説という理由です。さらにいえば「金融リテラシーのある人は、運用利回りが高い資金運用をしている」というのも間違いです。

世界の金融商品に分散投資をしている約６０００本のヘッジファンドの元本資金に対する合計利益率は、年間で２％から８％と低い（ＨＦＲＸ１のデータ：18年2月）。

誰でもできる指数投資、つまり日経平均やダウの指数のＥＴＦ（上場投信）をズブの素人が「バイ&ホールド」すると、利益率が高いことが多い。米国証券業協会の会長だったチャールズ・エリスが調べ、名著とされる『敗者のゲーム（6版）』で言っていることでもあります。

金融投資の専門家とは何か、何ができれば専門家なのかと当方も思っています。将棋や囲碁のプロはもっとも下のレベルでも、素人では及びもつかないくらい強い。では金融のプロは、素人が上げることができない投資利益を出しているのでしょうか。

【金融商品の価格の真理はランダム・ウォーク】

事実を言えば、**価格がランダム・ウォークする金融商品**への投資の結果では、専門家と素人に、有意な差は認められないのです。

専門家なら本来、利益率の高いマネー運用ができなければならない。では**「株や金の売買で、常に高い利益率を出すことのできる専門家」**はどこにいるでしょう。経済学者は投資の専門家ではない。投資で利益を出している大学教授に会ったことは皆無です。ノーベル賞の経済学者も同じです。貨幣論も書いた大経済学者のケインズは長期投資家として亡くなったときには45万ポンドの資産を作り、成功しましたが……（1945年）。ただし、利益を出したのは第二次世界大戦の「英国インフレ」の時期です。株価は上がり、買った人は誰でも利益を出していたときでした。

日本証券業協会が言う「金融に関する知識や情報を正しく理解し、自らが主体的に判断することのできる能力」をもっている人がどこにいるのでしょうか。

「株式あるいは通貨、または金（ゴールド）を正しく理解する」ことと、「主体的に判断する」ことの意味が、筆者にはわかりません。価格が確率的にランダム・ウォークしている全部の金融商品には、冷蔵庫や掃除機のような「正しい使い方」はないからです。正しい買い方・売り方がないため、主体的な正しい判断、つまり利益を出す売買も決まっていないのです。

【システムトレードでの実験】

昨年の8月にシステムトレードのプログラムを作る際、日経平均18年間（約４６００日）の、上がった日と下がった日を調べたことがあります。上昇日約２３００日、下落日２３００日となり、見事に50：50でした。「現代ファイナンス論」の**オプション理論**が示すように、**株価は確率的なランダム・ウォーク**をしていました。これは明日、株価が上がるか、下がるかは50：50ということです。市場で価格が決まる金融商品における永遠の真理でしょう。

金融商品で利益を出すには、**「確率変動を利用したものしかない」**という見解を得たことから、システムトレードのプログラムを自分で作ったのです。17年9月から6か月実験しています。とても良好なパフォーマンスです。結果を示します。

対象としているのは、日経平均の先物売買です。証拠金を６００万円として、確定利益額は２５００万円でした。平均ポジションが10倍（レバレッジ10倍）で、ポジションに対する利益率は６か月で12％、年間換算では24％です。利益の２５００万円は証拠金に対して半年で４・２倍、年間換算で８・４倍という高いものでした。日経平均の差金取引であるＣＦＤでも、先物と同じ利益率になります。証拠金に対するリスク率は半年で４２０％、年間換算で

840％です。売買のときは常に等価交換である金融投資では、「利益率＝リスク率」だからです。

金融商品は、どんな人も割安で買うことはできません。お得意様割引がないからです。2万円で売られる株を2万円で買うのが等価交換です。買う時点では、利益は含まれていません。その後の価格変動（＝ボラティリティ＝リスク率）による上昇が利益であり、上昇と同じ確率で発生する下落が損になるからです。利益率が高い金融商品は、同じ確率で損失率も高いというのが金融商品の基本です。

ここから言っても「確実に利益を出すという意味での健全で質の高い金融商品」は、どこにもないことがわかります。このため、**日本証券業協会の言う金融リテラシー**が何を意味したものか、当方にはわからないのです。リスクの低い金融商品、たとえば国債は利益率も低いからです。

【ビットコインを含むポートフォリオ理論】

学問にもなっている**「現代ファイナンス論」**の中で正しいと思われる投資法は、金融商品の価格が確率変動する性質を利用した**ポートフォリオ理論（分散投資の理論）**でしょう。このポートフォリオを応用したビットコインへの投資法を述べます。簡単なものです。専門家である必要はない。もっともビットコイン投資の専門家と言える人は世界にゼロでしょう。

1000万円をビットコイン、金、日経平均に分散投資するとします。

前掲の図11から、

・ビットコインのボラティリティ　5・0％→分散25・0（標準偏差の二乗）
・金のボラティリティ　2・0％→分散4・0
・日経平均のボラティリティ　1・5％→分散2・25

投資割合は、分散の大きさに反比例させます。

・ビットコイン＝1÷25＝0・04
・金＝1÷4＝0・25
・日経平均＝1÷2・25＝0・44

合計は「0・04＋0・25＋0・44＝0・73」ですから、ポートフォリオの構成比は、

・ビットコイン＝0・04÷0・73≒6％、
・金＝0・25÷0・73≒34％、
・日経平均0・44÷0・73≒60％です。

【結論】 3種の金融商品への最適投資構成比は、以下のようになります。

・ビットコイン　＝1000万円×6％＝60万円
・金　　　　　　＝1000万円×34％＝340万円
・日経平均　　　＝1000万円×60％＝600万円

これで、1000万円の金融投資の損失の可能性は減ります。ただし利益の可能性も同じだけ減ります。結果はビットコイン、金、日経平均株価の価格上昇率、または下落率の加重平均です。ボラティリティも加重平均です。以上が、ポートフォリオ理論です。**利益と損失の可能性の両方を減らすのがポートフォリオの分散投資**です。それだけのものであり、それ以上のものではない。

日本証券業協会が「国民に正しい金融知識を」というなら、ポートフォリオ理論しかないように思えます。数値である金融の投資法は、数学的でなければならないからです。どんな根拠から日銀の黒田総裁や日本証券業協会は仮想通貨を正しい金融商品ではないと考えているのでしょうか。前述のように国籍をもたない電子マネーのSDR（国際通貨）を発行しているIMFのラガルド専務理事は仮想通貨の有効性を肯定しています。

⑹支払い手段としての否定論について

経済学の教科書は通貨の条件として、**①支払い手段、②価値の尺度、③価値の貯蔵手段の3機能**が必要であるとしています。「乱高下が激しいICO型のコインは商品価値の尺度にはならず、代金の支払いに使えない」という意見が経済学者や金融関係者から毎回出されます。前項で述べた「金融リテラシー」の面からも、**投機的**と非難されています。

確かに政府系ではなく、売買で日々の価格が変わるICO型のビットコイン（BTC）は2017年には約22倍に上がっています。現在もボラティリティが1日5％、1か月では23％もあるので、ICO型仮想通貨の表示なら値札を毎日5％、1か月では23％変えねばならない。

すでにビットコイン（BTC）を使える店舗では、どう対応しているのか（17年末2万店：ビットフライヤー発表）。円で表示した店頭価格は変えず、1万円の商品は1万円です。ビットコイン払いなら、今日のレートで1万円とします。たとえば今日のBTCは売りが116万円です（ビットフライヤー：2月22日）。1万円を「1÷116＝0・0086BTC」として支払う。明日、ＢＴＣが１２０万円に上がれば０・００８３ＢＴＣ。電卓のような店頭の**決済端末**で、そのときのＢＴＣ、イーサリアム、リップルを円レートで変換して受けとるのです。ビットコインは最大で１億分の１に分割して、支払うことができます。

店舗側は受けとった仮想通貨を、そのレートで自動的に売って、「１万円-変換手数料」を円で受けとります。クレジットカード以下の手数料（３％）で円に換えることができるので、リスクはありません。アプリは、仮想通貨を円に交換することが業務の取引所や仮想通貨関連メーカーが提供しています。円に変換せず、そのまま持ち、価格変動の利益と損のリスクを楽しんでもいい。店舗側が選択します。店舗がＩＣＯ型の仮想通貨を使えるようにしても、あとで円が振り込まれる電子マネーと変わらない。ただし交換手数料はかかります。

経済学者や金融関係者がいう「仮想通貨は支払い手段に使えない」という説は誤りです。非難は**支払いの実際**を知らないためのものです。あるいは「仮想通貨はダメなもの」と最初に決めつけて否定の材料を推測して書いたものです。または国内や海外の他の学者の意見を参考にして言葉を変えたコピーです。学者ムラではこれが多いのです。経済学を含むあらゆる学問は、過去に起こった事実を論理化、概念化したものです。人体組織自体が変わらない医学なら、過去の事実の論理化ですみます。しかし新しい取引行動が起こっている経済では、人間の認識なども含めて日々新しい要素が加わって変化しています。したがって経済学で未来はとらえられないのです。

顧客が10種の仮想通貨を使っても、店舗側は**マルチ型の決済端末1台**で済みます。クレジットカードの処理と同じです。仮想通貨は確かに、株のような金融商品としての買いが多い。しかし価格変動の大きさは、店舗での利用を否定する要素ではありません。店舗ごとのポイントカードが、かえって手間がかかって複雑なくらいです。

中国では、すでに**屋台やタクシーですら電子マネー**を使っています。これに、政府系と民間系の仮想通貨が加わると想定すればいい。まさに**「偉大なるかな、スマホ」**です。アプリの設定で機能が加わるコンピュータだからです。インターネットとスマホという既存インフラが仮想通貨の利便性を高めたのです。

法で強制されている法定通貨とは違い、仮想通貨では**「私は使わない」という選択肢**もあります。クレジットカードのように自分で選べばいいだけものです。クレジットカードを拒否する店舗もあるように、仮想通貨が使用できない店舗があってもいい。意識面での、法定通貨帝国主義から離脱すべき時代でしょう。

第5章

仮想通貨で消えるドル基軸と、その未来

(1) ドルは基軸通貨としての役割を終えるのか

仮想通貨は、政府系・民間系・ICO型のいずれも世界中の交換所で売買できることから、生まれたときから国際性を獲得します。国際性とは、世界のどこへでも瞬時に送金できることです。インターネット上の電子信号ですから、送金は、**「公開鍵・秘密鍵方式」**により、誰でもいつでも、電子メールのように相手のウォレットに対して行えるからです。仮想通貨はドルへの変換の必要がないので、国際的な金融や貿易の決済で使われている**基軸通貨の米ドルに対して、決定的な打撃**を与えるでしょう。

わが国の輸入では米ドルが69・3%使われています。円は24・5%、ユーロが6・1%、人民元は1・4%と少ない（2017年：財務省）。日本の会社が中国からの輸入する際もドルを媒介通貨として行われます。

①日本の会社が、銀行で**円とドルを交換**して送金する（円売り／ドル買い）。

②そのドルは、**国際送金の標準的な通信手順SWIFT**を使い、金融仲介をしている**コルレス銀行**を経由し、輸出企業の預金口座がある中国の銀行に送られる。

③代金をドルで受けとった中国企業は、その**ドルと人民元を交換**する（ドル売り／人民元買い）。

④中国の銀行に貯まったドルは、人民銀行が人民元を発行し**外貨準備**として買い上げる。この外貨準備は中国が世界から原油や商品を輸入するとき買われて、支払いに充てられる。中国も輸入のときはドルで支払う。

このようにドルが媒介通貨になっていることは、商品貿易以外の**国際的な金融決済**でも同じです。米国の株や国債を買うときも、インターネットではない専用回線の**ＳＷＩＦＴ手順を使い、米ドルがコルレス銀行を経由**して送金されています。

こうして、**米ドルは世界貿易と国際金融の基軸通貨**になっているのです。ドルが外貨交換のときの媒介通貨となっていることが、**基軸通貨の特権的なポジション**を獲得している理由です。一方でドルは、米国という国籍をもつ通貨です。国内ではもちろん使える。しかし世界中で使えます。相手国の企業が信用の高い基軸通貨として受けとってくれるからです。ただし送金手数料は、１００万円を送っても５０００円くらいと高くつきます。しかも自国通貨とドルへの交換の手数料も１％くらいは加わるのです。

【基軸通貨の特権】

米国は自国通貨ドルを刷って相手国に渡せば、いくらでも輸入ができます。このため国単位での貿易赤字と経常収支の赤字を気にする必要がない。

基軸通貨ではない日本円や人民元では違います。輸入する際には、ドルでの支払いが必要です。輸入と国際決済のための準備通貨として、輸出をしてあらかじめドルを貯めておかねばならない。これが、政府または中央銀行がもつ**外貨準備**です。中国が3・1兆ドル（341兆円）、日本が1・2兆ドル（132兆円）、スイスが6800億ドル（75兆円）、サウジアラビアは5400億ドル（59兆円）の外貨準備を貯めています。

世界193か国の外貨準備は、12兆ドル（1320兆円）に達しています。世界のGDP（8000兆円）の約4％の成長率より速い速度で増える世界貿易（1600兆円）のため、この**外貨準備は毎年1兆ドル（110兆円）も増えている**のです。この理由で外為市場では、常にドル買いの超過になります。世界の外貨準備の増加が、米国経済の対外的な実力以上のドル高になる要素です。**貿易決済と国際金融のためのドル買いの超過**が、米ドルを高く維持する原因になっているのです。経常収支の継続的で累積する赤字（34兆ドル：3740兆円：17年末残）

にもかかわらずです。

【米国の経常収支の赤字は構造的になり、対外債務は膨らみ続ける】

媒介通貨としての買いがある米ドルは、米国経済の実力以上に高くなっています。このため米国の経常収支の赤字は、いつまでも解消しません。米国は1990年のあと27年間、1度も経常収支が黒字になったことがないのです。米国以外の国には、これは許されません。米国だけがもつ特権がドル基軸通貨なのです。

経常収支は商品の貿易収支、旅行などのサービスの収支に、資産と金融の所得収支を加えたものです。**企業の会計になぞらえると、国の損益計算の損益結果**に相当します。赤字の企業が振り出す手形、つまり米ドルとドル国債が信用されるため、いつまでも倒産せず、累積赤字が拡大する一方になっているのです。**経常収支の赤字は対外純債務の増加**になっていきます。

図12に米国の対外債務と対外資産を示しています。17年末の対外債務は**34兆ドル（3740兆円）**です。同年の米国のGDPは**19兆ドル（2090兆円）**ですから、対外債務はその1・8倍です。日本に置き換えれば、950兆円の対外債務に相当します。わが国が海外に

図12. 米国の対外資産と対外負債の増加

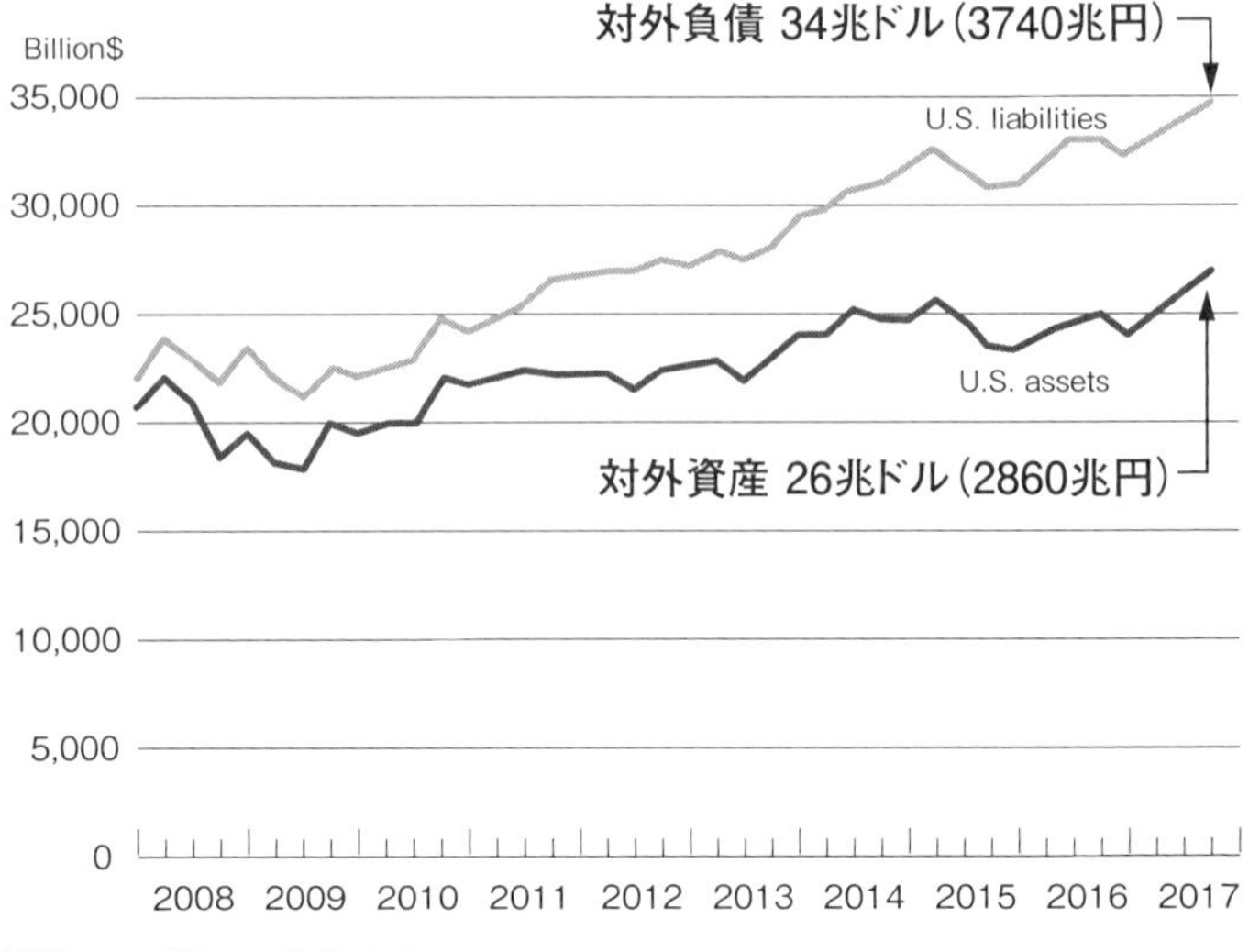

U.S.Bureau of Economic Analysis

950兆円も借りていれば、とうの昔にドルでの利払いと返済ができず、対外破産（デフォルト）しているでしょう。

米国が今も破産していないのは、ドルを基軸通貨として世界が認めて、どんなに増発されてもドル買いを続けているからです。一方、米国の対外資産は、**26兆ドル（2860兆円）**です。対外純債務は**8兆ドル（880兆円）**に膨らんでいます。問題は、経常収支の構造的な赤字が続くため、今後もずっと**1年に7000億ドルから1兆ドルの対外純債務が膨らみ続ける**ことです。対外純債務とは、米国からのドル売りが超過することです。ドイツが2000年にユーロ圏をつくったあと、米ドルをもっとも多く買い越してきたのは、2010年までは日本でした。それ以降は中国です。つまりこの8年、基軸通貨のドルを買い支えているのは中国です。

現在は世界の金利が低く、ドルの長期金利も約3％と低いので、8兆ドルの純債務の利払いができています。この金利が**数ポイント上がると米国はデフォルト**します。米国10年債の金利が5％に上がると、米国は対外的な利払いができなくなるでしょう。34兆ドル（3740兆円）にまで、海外からの借り入れが膨らむことができたのは、米ドルが世界の需要が多い基軸通貨だからです。

大きな赤字を出し続け、今後も累積赤字が大きくなる企業の手形を、米国以外の諸国が将来の輸入に必要だからと決済に回さず貯め込んでいる状態にたとえられます。これが世界の、**ドル外貨準備の増加の実相**です。

米国の問題は、3740兆円にも大きくなった対外負債です。**日本の問題**は、GDPの2・4倍に膨らんだ1270兆円の政府負債です。このうち国債が1076兆円を占めています。債務に利払いは必要ですが、現在、年8兆円ときわめて少ない利払いで済んでいます（平均金利0・8％）。低い金利の理由は、2013年4月から448兆円の国債を日銀が買って、長期金利を0％に誘導しているからです。日銀は、2018年も年60兆円分を買う予定です。

米国はドルの買いが減って金利が5％に上がると、対外デフォルトします。日本は、日銀が国債を買わなくなる出口政策に向かった結果、長期金利が2・5％に上がって財政破綻します。両国政府には**「金利上昇」**への耐久性がないのです。金利の上昇から財政破産が予測されるようになると、その国の通貨は暴落します。

(2)生まれたときから国際通貨である仮想通貨

政府系コイン、民間系コインにかかわらず、仮想通貨はインターネットで世界のどこへでも送金ができます。メールのように瞬間に着き、送金とドルとの交換の高い手数料はいらない。ICO系の仮想通貨にある価格変動のリスクは、受けとった瞬間に取引所で自国通貨に交換する店舗と同じ仕組みにより回避できます。

現在のドルに変換して送る国際送金では、SWIFT回線とコルレス銀行を経由するため1日から1週間もかかり、手数料も高い。L／Cを組む手数料も加わります。

仮想通貨では、媒介通貨のドルに変換して送る手間は要りません。仮想通貨のまま送って、受けとった人が即時に自国通貨に変換すればいいからです。

【基軸通貨（Key Currency）という概念はなくなっていく】

政府系コインと民間系コインが国際決済に使われるようになると、**米ドルの基軸通貨としての利用はなくなっていきます**。世界の外貨準備12兆ドル（1320兆円）の必要もなくなります。仮想通貨が貿易と国際的な金融取引に使われると、必要がなくなった**外貨準備のドル売り**が起こるでしょう。米ドルは一挙に、おそらく80円や70円、瞬間では半分の55円に暴落する弱い通貨になります。米国が金ドル交換停止をした1971年のニクソンショック以上の米ドル下落になるでしょう。

戦前の基軸通貨は、英国のポンドでした。1944年のブレトンウッズ協定で、ドル基軸の体制に変わったのです。戦後の1950年代、ポンドは1000円でした。今は149円です。**ポンドは円に対して14・9%**に下がっています。米ドルはここまでは下がらない。最大でも瞬間で50%の下落でしょう。

米ドルの実効レートが50%になれば、600万円のリンカーン・コンチネンタルも輸出では300万円に下がって、**米国車の世界への輸出は増えます**。600万円では売れない米国車も300万円なら、トヨタレクサスやBMWの何倍も世界に売れるからです。米国が貿易赤字を続けるのは、**米国経済の輸出力よりもドルが高すぎる**からです。トランプ大統領はアメリカ・ファーストを掲げていますが、それを実行するには50％のドル安が必要です。現在のドルレートではアメリカ・ファーストの政策は実現しません。

ドルの過剰な高さをもたらしているのが、基軸通貨であるという要素です。50％安になれば、米国の貿易赤字は完全に解消し、1970年代から約半世紀も**国際金融の問題の根だった米国の国際不均衡**はなくなります。

(3)ドル下落で予測されるシステミックな金融危機

基軸通貨の米ドルは世界中で使用され、貯蓄されています。仮想通貨の普及によりドルが基軸通貨の地位を滑り落ち、普通の外貨となって50％に下落したと仮定します。この事態は世界に波乱を引き起こします。ドルが2分の1に切り下げられた1985年のプラザ合意のあとの数年のように、連鎖的でシステミックな危機になっていくでしょう。しかも今回は、ドル金融の金額が当時の10倍以上に大きくなっているので、その影響は激しいものになります。

【高すぎるドルの下落調整が起こる】

ドル基軸通貨の必要がなくなると、需要の減ったドルが下がる結果、**米国の貿易も均衡する**ように変わっていきます。変動相場制の中では、経常収支の赤字を続ける国の通貨は貿易が均衡するまで下がっていくからです。

米国政府は常に、中国、日本、アジア、ドイツは「不当な通貨安政策」をとっている、このため米国の貿易が赤字になると非難します。しかし本当のところは、基軸通貨としての超過需要があるドルが高すぎるのです。仮想通貨に変わることで、**世界経済の根底の問題である米国の国際不均衡は解消**に向かうでしょう。媒介通貨の需要（世界からのドル買いの超過）がなくなるからです。

2分の1へのドル安は、原油・資源を含む米国の輸入物価を2倍にします。下がったドルによって米国の物価は10％くらい上がるでしょう。これは、過剰だったドルの商品購買力が正常化に向かって修正されることです。米国は、緊縮経済になって赤字の輸入が減っていきます。

他の国の通貨がドルに代わって基軸通貨になるのではなく、インターネットで世界に送金できる仮想通貨によって**基軸通貨の概念が消える**のです。たびたび停止されていましたが、戦前の金本位の時期には、基軸通貨という概念はありませんでした。**金が国際通貨**であり、紙幣はそれと一定率で交換できるものだったからです。ある国の貿易収支が赤字になると、金が海外流出していました。このため世界は、金本位の維持ができなかったのです。

このようにドルが基軸通貨のポジションを滑り落ち、大きなドル安に向かうことは実は、米国にとって都合の悪いことだけではないです。

【米国は一挙に対外純債権国になる】

基軸通貨でなくなった米ドルは、増発して輸入代金の決済に充てればいいという特権は失います。ところが50％のドル安になることで、**米国の対外資産の26兆ドルの価値が2倍に上がり、52兆ドル分に膨らみます**。

たとえば、米国のヘッジファンドの日本株の所有シェアは30％であり、金額では200兆円です（2017年）。**50％のドル安、つまり2倍の円高**になると、円建ての株式は円価格では同じあっても、下がった米ドルから見ると、400兆円分に膨らむのです。

このように世界の通貨に対しドルが50％に下がると、現地通貨建ての米国の対外資産26兆ドルが、約2倍の52兆ドル分に膨らみます。

一方で、米国の対外債務は基軸通貨だったおかげでドル建てなので、34兆ドルのままです。海外はドル建ての国債・債券・株、そして不動産をもっているからです。対外資産はドルで2倍になり、債務は同じままなので**米国は一挙に18兆ドルの対外純債権国**に変わります。

50%へのドル安調整は、33年前の1985年9月22日に**「プラザ合意」**として、当時のG5だった米国、日本、英国、ドイツ、フランスの協調により行われたことでもあります。

1980年から米国FRBの議長ボルカーによる、第二次石油危機のあとのインフレ退治のための高金利政策の要素も加わって、1985年8月には1ドルが240円だったのが、日本とドイツのドル売り介入により1986年には150円、1987年12月には120円台の**「ドル安/円高」**になったのです。

基軸通貨としてのドル買いが多いという理由から、米国経済の対外的な実力以上のドルが今のままなら、対外債務が膨らみ続けて、いずれの日かデフォルトする宿命にあります。ですから**仮想通貨が米国の対外デフォルトを救ってくれる**ことにもなるのです。

しかし米国とは逆に、**日本は対外債権が1012兆円、対外債務は656兆円**です(17年9月末:日銀資金循環表)。資産から負債を引いた対外純資産は**356兆円**であり、ダントツの世界一です。外貨準備は3・1兆ドル（340兆円）と大きくても、ドル負債も大きな中国をはるかに超えています。日本の豊かさの象徴である対外純資産はどうなるのか（国民1人当たりの換算では285万円の対外純金融資産）。日本は主に、米国に大きく貸し付けているのです。

これは他方では、**日本の内需と設備投資が少ない理由**になっています。自宅に金融資産があっても、隣の家に大きく貸し付けていれば、衣食住の商品購買と投資の面では節約した生活になるからです。

【ドル資産をもつ日本の政府、金融機関、企業の為替差損】

日本政府は外貨準備を、銀行は証券と貸付金を、企業は海外工場をもっています。ドルが50％に下がると、ドル建ての対外資産は円に対して50％にしぼみます。対外資産のうち80％はドル建てでしょう。対外資産の1012兆円は、少なくとも**400兆円は減って612兆円になります。**

一方、日本の対外負債は656兆円です。そのうち海外が日本にもつ株、円国債、不動産（合計で478兆円）は円建てですから、50％のドル安でも同じ金額です。ただしドルでの借入金179兆円は、円では2分の1に下がるでしょう。以上から**対外負債は567兆円**にしか減りません。

日本の**対外資産は60%の612兆円に減り、対外負債は86%の567兆円に減る**ので、対外純資産は356兆円から45兆円に減ってしまいます。日本の豊かさの象徴だった対外純資産は、およそ消えてしまうのです。

ドル資産をもつ政府、銀行、企業が被るドル安の為替差損が、約400兆円です。ドル建ての債務国の米国は、ドル安により巨大な為替差益を得ますが、その半面として対外純資産をもつ日本、中国、スイス、ドイツが米国の為替差益に匹敵する損をします。ドル証券と対米貸付が多い銀行は、ドル建ての株・国債・貸付金が2分の1になることから、**システミックな金融危機**を引き起こすでしょう。

以上が、ドル基軸体制が消えて仮想通貨に変わることの帰結です。ドル資産や証券をもつ政府、金融機関、企業、個人は、仮想通貨が増える時期を見て早めに売っておいたほうがいいでしょう。**第二のプラザ合意の時期が、遠くない将来に来る**という想定が必要です。

米国FRBがいち早く仮想通貨ドル（FEDコイン）を発行しようとしても、ほぼ同時期に他の中央銀行も発行します。日銀、人民銀行、欧州のECB、そしてイングランド銀行とスイス国立銀行も参入します。そのとき米国が他国の仮想通貨発行を禁じることはできません。

このため日本の財務省が1・2兆ドル（132兆円）も貯めこんで管理しているドル準備は要らなくなります。各国の仮想通貨のまま出し入れができるのに、わざわざ米ドルに交換する必要がなくなるからです。つまり世界が仮想通貨に向かうことで、現在のドル基軸は消滅します。ドル基軸は、①国際送金を米ドルとするコルレス銀行と、②固定電話のように回線コストの高いSWIFT手順に守られたものです。携帯電話の普及で固定電話が消えたように、米ドルもその役割を終えます。

戦後、国際的なファイナンスの根底にあり続けた最大の問題は、**ドルの過剰評価を原因にした米国の経常収支の赤字**と、海外へのドルの散布でした。これは、「国際不均衡」と柔らかく呼ばれていたのです。仮想通貨が順次、貿易通貨になることによって、この問題は正常化に向かいます。ただしその過程で、海外（日本、中国、スイス、サウジアラビア）が大きく増やし続けてきたドル建ての金融資産と不動産の下落から、**対外資産をもつ銀行のシステミックな危機**は起こらざるを得ないでしょう。一例をあげると三菱UFJグループは、主に米国に対外資産を66兆円もっていますが、純資産（自己資本）は17兆円でしかありません（17年12月期：連結B／S）。対外資産が半分になると、どうでしょうか。

第6章

通貨の信用構造とはなにか

(1)マネーの信用創造と仮想通貨

最後の章にきました。ここでは、通貨が人びとから価値を運ぶ媒体と信用される構造を示します。図13がそれです。

1万円札は紙ですが、偽造を難しくするため普通は入手できない特殊なインクで印刷されています。しかし、**紙幣の特殊印刷がマネーの価値ではない**。財務省の造幣局が作った1万円札の束はまだマネーではなく、日銀から1枚1・9円で買われる紙片にすぎません。造幣局からトラックで運ばれて**日銀の金庫**に入っても、まだ価値をもつマネーではなく紙です。日銀の厳重な金庫に、銀行に渡す前の1兆円分の1億枚があっても、日銀のバランスシートでは1・9億円の在庫価値でしかないからです。日銀が銀行から回収した古い1万円札も無価値に戻っています。このため、裁断機で粉砕して燃やしています。1万円札は、日銀の金庫から銀行に出たとき、マネーになるからです。

この紙を、

・日銀当座預金から**1万円の価値をもつ紙幣として銀行が引き出したとき、**

図13. 通貨の価値が信用され、商品と交換される構造

媒体は英語でVehicle,つまり「車」＝形のない価値を運ぶ車を通貨と考えるとわかりやすい。1万円という価値を運ぶものなら、1万円札でなくても、仮想通貨や金でもいい。紙幣の1万円札が、5000円という価値しか運ばず、昨年は5000円だった商品しか買えなくなったときは2倍のインフレ。そのとき、1万円札の数字は10,000でも、5000円の価値に下がっている。

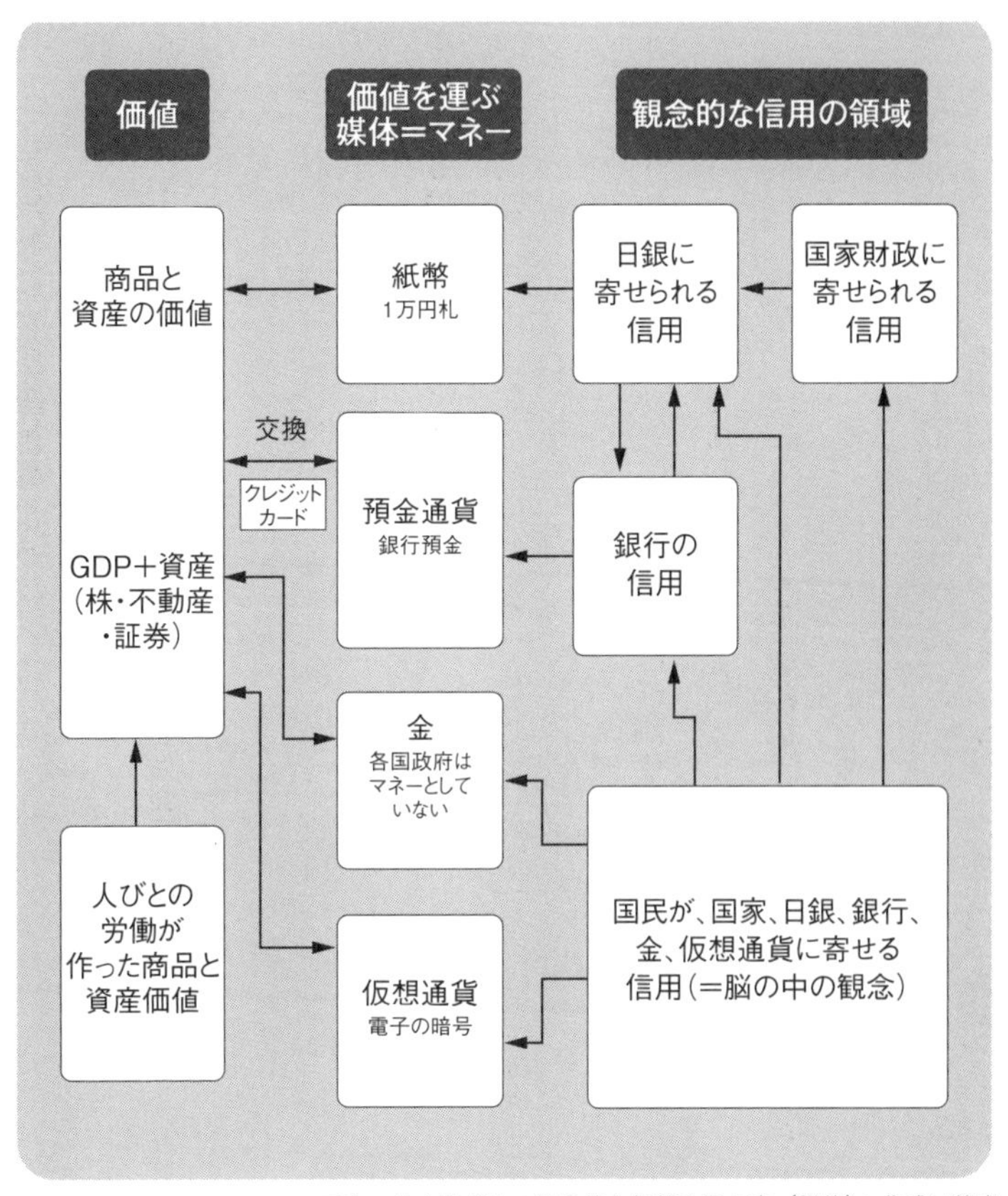

マネーは人間がもつ観念的な価値を運ぶ車（媒体）：作成は筆者

・あたかも白い紙片が1万円札になる魔術のように、

・1万円の価値を媒介するマネーに変質します。

日銀から銀行に渡す瞬間に、1万円としての価値の創造（＝信用創造＝Credit Creationと言う）が行われるのです。

表象とは、あるものを別のもので表すことです。われわれは商品価値を1万円で表し、1万円で買います。これが1万円札による価値の表象であり、**価値の媒介**です。

仮想通貨では、媒介をするものは暗号の電子信号です。

①日銀が渡す紙片が1万円のマネーになるのは、**受けとる銀行**が1万円の価値があると認めるからです。

②銀行が価値を認める理由は、その紙片を**1万円の商品価値を媒介**するとして（＝1万円分の商品が買えるものとして）、**自分の預金からAさんが引き出す**からです。

③Aさんが紙に1万円に価値があると見るのは、**その紙を渡すと1万円分の商品が入手できる**からです。

④商店は、その1万円で商品の仕入れ代金と給料が払えるので、顧客に商品を渡して受けとります。これがまさに**ブロックチェーンのようにつながっていく信用の連鎖**（チェーン）です。

マネーは、それが商品や労働と結びつく社会があるとき、価値を媒介します。造幣局が印刷した紙片が1万円の価値になるのは、**1万円札には人びとに信用されて所有者を変えていくチェーン構造**があるからです。外貨とも交換できるのは、海外の人びとが日本経済と日銀を信用しているからです。日本を知らない人には、1万円は1円の価値もない紙切れです。商品がなく、商品に交換できない無人島では、紙幣も金も無価値でしょう。

北朝鮮の政府紙幣のウォンを渡しても、日本のお店では受けとりを拒否されるでしょう。海外ではほとんど使えず（流通せず）、北朝鮮に行って商品を買っても1万円の価値があるかどうか。北朝鮮は大きなインフレなので、おそらく価値がないでしょう。商品も価値が低いものが多いでしょう。**人が価値を認めない紙幣**は受けとられません。

現在、年率で4万倍の**ハイパーインフレを起こしているベネズエラの通貨ボリバル**（現在は10・8円）を仮に10万ボリバル渡されても喜ぶ人はいません。1日2・3％、1か月で57％、1年では99・98％も価値（商品購買力）が下がっているからです。1日で2・3％のマイナスも、365日の指数関数（0・977の365乗≒0・02％）で見るとすごい。

こうしたハイパーインフレは、2つの要因が重なったとき起こります。

①通貨の増発と、外為レートの暴落

②国内の商品生産力の低下、または破壊

ベネズエラの原油確認埋蔵量は、サウジを超える量です。国土には巨大な信用があります。しかし、ベネズエラ中央銀行とベネズエラ経済の商品生産力は、国民と世界から信用されていません。通貨と経済の信用のなさが、ボリバルのレートの暴落として現れているのです。

ただし**政府が「10万ボリバル＝1仮想通貨」として旧ボリバルを廃止すれば、一夜でこのハイパーインフレは収まります。**仮想通貨は、プログラムで発行上限を設定できます。原価は紙幣より安く、輪転機での印刷もいらない。コンピュータの中のプログラムで自動発行ができます。政府は現在の預金を一定率で仮想通貨に変換して、世帯への配布を短時間で行うことができます。**3009億バーレル（18兆ドル：1800兆円）の原油**が地下に眠るベネズエラは、原油が信用のもとになります。

政治と行政の改革をし、仮想通貨を発行すれば、無税国家のサウジを超える豊かな国になっていくでしょう。3062万人の国民の幸せのために、ニコラス・マドゥロ大統領には、**1日も早い仮想通貨の発行**を政策として推奨します。

その後、本書の推奨が聞こえたのか（出版前なので、そんなはずはありませんが）、ＩＣＯ型仮想通貨の「ペトロ」が政府から発行されました（18年2月20日）。石油1バーレルを1ペトロと交換可能とするといいながら、政府は交換を保証してはいません。このいい加減さのため、市場では紙くずになったベネズエラ国債と一緒だと見られて信用がない。推奨するのは「10万ボリバル＝1ボリバルの仮想通貨」によるデノミ（通貨発行の削減）です。インフレは収まります。大統領には、インフレを収める気がないように見えます。ベネズエラには、政治改革が必要です。

【これを信用の連鎖で見ると】

人びとがマネーの価値をもつとする紙幣も、まず受けとる銀行が信用しないときは、日銀であっても、信用の創造（Credit Creation）ができません。北朝鮮のマネーは、国内では金正恩委員長の強制権で受けとらせていますが、類似する経済体制である中国の一部の銀行だけが「1ウォン＝0・12円」でしか受けとらない弱い通貨です。日本の銀行は北朝鮮系（朝銀信用組合）でない限り、受けとりを拒否するでしょう。

日銀の信用も、**紙幣と当座預金通貨を受けとる銀行（国民の側）が、日銀に寄せるもの**です。1・9円の紙片が1万円になるのは、まず銀行が寄せる日銀への信用からです。Aさんが署名した小切手をBさんが受けとるときのことを考えると、わかります。

Aさんの所得と預金を信用するとき、Bさんは受けとりますが、信用しないときは受けとりません。**マネーの信用とは、通貨を受けとる側がそれを発行する側に寄せるもの**です。発行する側が政府であっても、銀行と国民に対して「信用しろ」とは強制ができません。**日銀の信用の源泉になっているものは国家の財政信用**です。日銀は国家の機関だからです。政府は法によっても、国民に通貨の信用を押しつけることはできません。政府の財政に信用がなければ、大きなインフレ国の通貨のように価値が暴落するからです。

前掲図13の**「通貨の価値が信用され、商品と交換される構造」**をもう一度見ながら、以下を読んでください。

通貨への信用は、

・国家の財政の現在だけではなく、

・財政の将来を予想した国民の側から、寄せられるものです。

安倍首相やトランプ大統領が国民に向かって国家を信用してくれと言うだけでは、通貨の価値は信用されません。**国家の財政（＝収入予定－支出）の将来が銀行と国民から信用されないと、ベネズエラのように通貨の価値への信用はなくなる**のです。

これが国家財政の破産のときの、10倍以上への通貨増発から起こるハイパーインフレです。

ハイパーインフレは年10倍以上の物価上昇という形をとって、**1万円札が1000円以下の流通価値に下がること**です。歴史的な事実を言えば、73年前の戦後に、円の価値は戦前の150分の1に下がっています。ただし国家財政が破産しても通貨が5倍や10倍増発されないと、ハイパーインフレにはなりません。財政が破産したギリシャでインフレは起こっていません。ギリシャの財政は、2010年の国債の暴落から破産しました。

ユーロに加盟してドラクマを廃止したギリシャは、ドイツの承認なしにはユーロの増発ができません。ギリシャは、ECB（欧州中央銀行）から止められた国債の増加発行ができず、他に方法がなく年金・公務員給料・社会福祉費・医療費の財政支出を緊縮したため、ユーロのレートも下がらず、**インフレ率は1・7%**と低い（17年）。ユーロは、経済力がもっとも強いドイツが支配している通貨です。

日本の銀行と国民は2013年4月からの異次元緩和を続けても国家が破産することはなく、5倍から10倍までの円は増発されることはないという予想から、日銀が渡す紙幣を信用しています。

その後はずっと**1万円の価値を表す日本銀行券**として、人びとから人びとへ代金の支払い手段として流通しています。以上が「日銀券」の信用されるマネーとしての過不足のない意味です。**1万円札が表す価値と1万円の預金が表す価値は同じ**です。このため**預金通貨**と言います。

銀行は、人びとが寄せる**預金通貨への信用**をバックに、紙幣ではない**預金通貨を創造**しています。

銀行の大きな赤字から自分の預金1000万円の全額は引き出せなくなると見られると、銀行は信用を失い、貸付金による**預金通貨の創造**もできなくなります。1億円を借りても、自分の口座から1億円が引き出せないと予想されるからです。この場合、預金は消えても1億円の貸付金は銀行が放棄しない限り、いつまでも残るからです。破産銀行がM&Aされ資本が変わっても、貸付金の債権は引き継がれます。この場合、預金はどうなるか。

ユーロでは、銀行が破産した場合**「ベイル・イン(Bail-in)」**として、預金を株に変える「予定」が検討され続けています。ユーロに属するキプロスのライキ銀行では、1000万円以上の預金にはベイル・インが行われて、銀行倒産が預金者負担になっています(2013年)。ギリシャ国債の暴落により、預金が払い戻せなくなったからです。

・**ベイル・アウト**は、政府や中央銀行が銀行を救済することですが、
・**ベイル・イン**は、政府が救済せず、預金者が救済金を負担することです。

預金者を銀行の株主のように扱うのです。株は、倒産すると残った純資産の価値になります。倒産するときは、資産と負債を示すＢ／Ｓは、債務の超過になっています。株式は連帯保証人のような無限責任ではなく出資分だけの有限責任なので、負債が追いかけてくるマイナスにはなりませんが、価値はゼロ円に下がります。

キプロスの銀行危機のとき、**ロシアの新興資本家のマネー**が、ビットコインを取引所で大量に買って、キプロスから脱出しています。キプロスは、利益や所得の税率が極度に低いタックス・ヘイブン（合法的な租税回避地）なので、ロシアから逃げたマネーが銀行に預金されていたのです。この２０１３年には、このロシアマネーによりビットコインに買いが殺到し、１ＢＴＣがその前の**5000円付近から12万円へと24倍**に上がっています。ビットコインはロシアにとっても「国際通貨」ですから、**国内の規制だけでは無効にならない**のです。前述のようにＮＨＫが初めて仮想通貨の特集を組んだのが、このときでした。

(2)人間のシンボル化能力がマネーと言葉を作ってきた

電子信号である仮想通貨がマネーとして買われ、送金され使われるようになった理由は、ブロックチェーン（取引の履歴）が偽造できず、**人から人に渡っても変質しないもの**であれば、何であってもいいからです。

　このため偽造ができず、戦乱や火災でも同じ量の塊になって溶けるだけで変質しない金（ゴールド）は、国家と無関係に、歴史上多くの国で使われてきました。敗戦で国家が滅びると、その国の通貨は無価値になるからです。少し長い歴史をみれば、**国家は興亡を繰り返し**、政府が発行に関与する紙幣は、いつも紙切れになっています（**政権をもつ政府による、国民の、法による支配体制を国家と言います**）。国家がなくなっても金は変わらず、人びとが寄せる価値を保ってきました。しかしその金も、それを商品の代わりに受けとる人が価値を信用するということからマネーになったのです。

　受けとる人が金（ゴールド）の価値を信用する理由は、**他の人も、別の国の人びとも、国家にかかわらず、金の価値を信用して商品と交換するから**です。

　1万円札は、紙で作られた媒体（メディア）であり、マネーの価値を表象する日本銀行券という証券です。仮想通貨も、マネーの価値を表す複製できない暗号という媒体です。預金通貨もマネーの価値を表す、銀行内の電子数字です。1万円札、仮想通貨、預金通貨を作ることは、いずれもマネーの創造です。

知能が高いチンパンジーでも中央銀行、銀行、紙幣、金、仮想通貨の価値は理解しません。通貨の価値は抽象的なものであり、観念の世界での社会の約束だからです。商品の価値を1万円と等価とするのは、**人間のシンボル化の能力**です。**シンボル化能力**とは、あるものを別のもので表すことです**（これが言葉と数字）**。光が通るガラスの四角い枠を「窓という言葉」で表すのが人間に固有なシンボル化の能力です。チンパンジーはお互いを確認できる社会はもっても、政府、通貨、経済をもてません。自然の食物、木、植物、動物、虫を見て理解しても、それらを文字や数字で表すシンボル化の能力がないからです。日銀券の1万円と書いた紙も理解しません。このためマネーとして、将来の食物の価値を貯蔵もしないのです。

前掲の図13では以上の全部をまとめて、信用の構造を示しています。

・国民が国家の財政、日銀、銀行、金、そして仮想通貨に寄せる観念がもとになったマネーが、

・自然と労働の作った価値である商品や資産と交換される、本質的な構造を示すものです。

法定通貨には**政府の信用という根拠があるから、通貨として信用される**というのは間違いです。政府の信用は政府が自分で作るものではありません。国民の側が政府に寄せるものが

信用です。日銀が信用されるのも、現在の日銀は戦後のハイパーインフレのときのようには円を無限発行はしないという**円の発行における善意**を国民が信じているからです。これが、円の無限増発をして預金を無価値にすることはしないだろうという日銀への信用です。信用は、過去と現在の事実から、将来に向けてのものです。

日銀は1945年の敗戦後に、満期が来た戦時国債の償還のために銭を廃止して100倍の円を発行しています。このため日銀による円発行高は、**1945年を100とすると49年には2000**に膨らんだのです（財務省財政史室）。卸売り物価は50倍に、**小売物価は100倍以上**に上がっています。戦前の国債も100分の1になって、無価値になりました。円の価値の下落のため、第二次世界大戦の前には**4・5円だった1ドルは、戦後には80倍の360円**に上がっています。円は、戦時増発で価値が下がっていたドルに対しても、80分の1に下がったのです。

敗戦であっても、仮に日銀が円の増発をせず、GDPの2・04倍に膨らんでいた国債（1944年）を買わずにデフォルトさせていれば、円は減少して、戦前の預金を無価値にした戦後のハイパーインフレは起こらなかったのです。

「日本銀行法では物価の安定を図ること、つまり円の価値の安定を図ることを使命にしている（第二条）。異次元緩和を行って、400兆円の円を増発してきた黒田東彦総裁でもインフレ目標2％までであり、無謀な量の円の発行まではしないだろう」という日銀への国民が寄せる信用から円が信用されて、人から人へ1万円札として渡り、海外でも流通しています。とはいえ**政府と日銀は、無条件に国民から信用されるものではありません**。銀行も同じです。銀行を信用して預金を預けるのは、われわれがいつでも預金を引き出せると信用しているからです。この信用がない銀行には、お金を預けることはしません。

信用のもとの言葉はCreditであることを考えると、これがわかるでしょう。**Creditは信用を寄せられる側ではなく、信用を寄せる側が与えるもの**です。心理的な愛情が対象となる人に向かうのと同じです。

愛という存在があるのではない。対象物や他者に愛を感じるのは、人間の側です。**美という存在**があるのでもない。絵画、陶磁器、花、顔や人体、音楽に美を感じるのは、それを見る人間の内観です。猿は薔薇や夕焼けを見ても、美を感じません。美は人間の内観だからです（観念ともいう）。**人間の心理の中にある信用**も、同じ構造です。

信用という存在が、あるのではない。国民が機関（オーガニゼーション）や人間に信用を寄せるのです。政府、日銀、銀行という機関は国民から信用を寄せられる側であり、信用については受動的です。

能動的に信用を寄せるのは、国民の側だからです。

したがって**仮想通貨にはもともとの信用がない**という言い方は、誤りです。ビットコインは今日106万円で、イーサリアムは8・5万円で、リップルは102円で、その価値が信用されて買われています。確かに外貨の約5倍、1日当たりの価格変動率は大きい。しかし、その価格の価値はあるとして、信用を寄せる側の人びとから今日買われているからです。

前掲図13で示したように、国民が法定通貨、銀行預金、金そして仮想通貨を信用する構造は、対象物への人の観念である愛や美のように同じです。これを本章の結語とします。

おわりに

われわれが使う円は、どこから来ているのか

仮想通貨の実体は、**預金通帳の元帳に似たブロックチェーン**です。円で仮想通貨を買うと、**コインの秘密鍵**（いわばコインの暗証番号）がウォレットの財布の中にはいります。政府系のコインなら変動がないので、現在の通貨に置き換えることができます。これは現在の電子マネーのイメージです。違う点は、持ち主の移動が「Aさんのウォレットのアドレス→Bさんのウォレットのアドレス：30JBコイン（3000円）」と持ち主の移動が記録され、それが**コインの最初の発行からつながるブロックチェーンの台帳として、インターネット上の多数のサーバー（マイナーがもつ）に同時記録**されている点です。

分散所有されているブロックチェーンの内容が、**不可逆関数のハッシュ値**によって複製が不可能になっていることが二重発行（＝二重送金）を防ぎます。これが暗号が通貨としての機能を果す理由であることは、6章までに詳しく述べています。デジタルデータは、アナログとは違って完全にコピーできます。電子媒体の通貨では**二重発行または二重送金が偽造**にな

るので、コピーを防ぐ仕組みが必要だからです。

政府系コインが発行されるようになると、われわれの**円の預金も順次、仮想通貨の円**（JBコイン：仮称）に振り替わっていきます。それがどんな形態になるのかをイメージするには、現在の円がどんな仕組みで発行されているのかを知っておく必要があります。

ドルを基軸通貨として使っているG20（先進20か国：世界のGDPの90％）で、もっとも仮想通貨の発行が早いのは、ロシアあるいは中国と見ています。中国は、もっとも多く貿易通貨のドルを使っています。2番目が日本です。このため、人民元が仮想通貨になると、「米ドル→英ポンド→ユーロ→円→他の国」という順序でほぼ同時に、仮想通貨に代わっていくでしょう。戦前の金本位の兌換通貨の採用や廃止と同じように、少しの時間差はあっても、交易がある世界の通貨の変化は「同時」に行われるからです。

【われわれのマネーはどこから来たのか】

現在、われわれが使っている通貨はどこからきたのかという、至極まともな疑問をもたれたことはないでしょうか。これを正しく説明できる経済学者は、実は少ない。ほとんどいないかもしれません。原因は、正統派とされる経済学の教科書では、**「中央銀行ではなく、銀**

行がわれわれの預金通貨を創造している」ことを示してこなかったからです。どんな理由からかはわかりませんが。本文中で述べたように２０１４年になって世界で初めて、イングランド銀行が論文を公開して、**「マネーを創造しているのは銀行である」**ことを認めています。

「Money creation in the modern economy（２０１４年03月）」
https://www.monetary.org/wp-content/uploads/2016/03/money-creation-in-the-modern-economy.pdf

それまでは、「銀行は、国民から預かった預金を仲介して貸し付けている。通貨の創造を行っているのは中央銀行」というのが公式の見解でした。

１万円札の紙幣には「日本銀行券　１万円」と書かれています。造幣局が印刷し、日銀が1枚を１・９円で買い取って、銀行に１・９円ではなく1万円として渡したものです。われわれは自分の預金を引き出すとき、紙幣を指定できます。**紙幣は確かに日銀が発行したもの**であり、銀行は預金者に渡すという仲介をしただけです。

しかし、紙幣はわれわれがもっているマネーの10％もない。３０００万円の預金をもっている人でも、タンス預金をしている一部高齢者を除くと、財布の中にある紙幣は数十万円でしかないでしょう。日銀による紙幣の発行総額は、１０３兆円です（18年3月2日：日銀営業毎旬報告）。国民（世帯、企業、自治体）の総預金である１３２１兆円の７・８％にすぎないのです

（マネーサプライのM3：郵貯を含む：日銀マネーストック統計）。

【預金通貨の源泉は銀行の貸付金である】

1321兆円の預金通貨をどこが発行したのかという疑問がわくのが自然です。日銀は紙幣を104兆円、日銀当座預金を369兆円、**合計では473兆円のマネー**しか発行していないからです（ベースマネーという：営業毎旬報告：18年1月）。両者の差の**848兆円の預金マネー**はどこから来たのか？　企業、政府、隣の家はこの預金通貨を発行してはいません。

われわれは、通貨を発行する日銀に預金口座をもつことはできません。企業も同じです。日銀が金融機関しか口座所有を認めないからです。したがって日銀はわれわれにマネー供給ができないのです。日銀から100万円借りたという人はいないでしょう。

日銀は日銀内に口座をもつ銀行、生損保、証券会社、外銀、政府に対してしかマネーの供給はできません。2013年4月以降、日銀は累積で442兆円の国債を買って円を増発しています。**増えたのは、金融機関が日銀にもつ当座預金**だけです。この当座預金は、金融機関の間の資金決済と送金・受金に使われるものです。2018年1月10日で、369兆円の残高があります。

日銀が国債を買って、この当座預金に円を振り込んで増やすことが**「マネー量の緩和」**と言われ、利下げでもあります。日銀が国債の買いを増やすと、既発国債の価格は上がって、逆に上がった国債金額に対しての利回り（発行時金利÷国債価格）は下がります。国債の金利は発行のとき財務省が決めています。しかし利回りは「発行時の金利÷国債の時価」です。分母の時価が上がると利回りは下がります。一般に3か月国債（現在の利回りマイナス0・15％）を短期金利と言い、10年債の利回り（同0・054％）を長期金利と呼びます（18年2月末：財務省）。現在、銀行預金の金利は自由化されているので、**国債の金利がわが国の金利のベース**になるものです。

【わが国のマネーの全体を示す】

図14に紙幣（104兆円）と日銀当座預金のマネー（369兆円）を創造している日銀から、銀行の信用創造（貸付金1278兆円）を経て、国民の預金（1321兆円）になるまでを示しています。日銀当座預金は日銀と民間銀行間、民間銀行間、そして外銀との決済、送金、受金、貸付、返済、紙幣の引き出しに使われるものです。

日銀は国内のマネーストックは集計しても、なぜかこのマネーの源流を表すこの表は作っていません。そこで、**①日銀資金循環表、②営業毎旬報告、③マネーストック統計**を合成して、今回初めて筆者が作成したものです。図14の矢印（↓）を見ると、われわれの預金マネーは銀行の貸付金として信用創造(Credit Creation)されたものであることがわかるでしょう。

銀行は、

・貸付金（銀行が金利をとって、元本も回収できる資産：図では1278兆円）として、

・国民の預金（われわれの金融資産：銀行にとっては負債：図では1321兆円）を創造しているのです。

日銀がＪＢコイン（日銀の仮想通貨：仮称）の発行を開始したあとは、銀行からの国民に対する貸付金はＪＢコインとして国民の預金口座に振り込まれることになるでしょう。国民も、電子マネーのように仮想通貨をもつことになります。国民に対しては、日銀ではなく銀行がＪＢコインを新規に発行します。国民が預金口座をもたない日銀のＪＢコインの発行は、銀行の日銀当座預金に対してものだからです。

①**日銀は、銀行から国債を買うときマネーを創造**しています。しかしその創造は、国債を売った銀行に対してのものです（ここでは日銀に預金口座をもつ金融機関の全体を、銀行という言葉で代表させています）。

図14. マネーの源流から、国民の預金（マネーサプライ）まで（2018年1月）

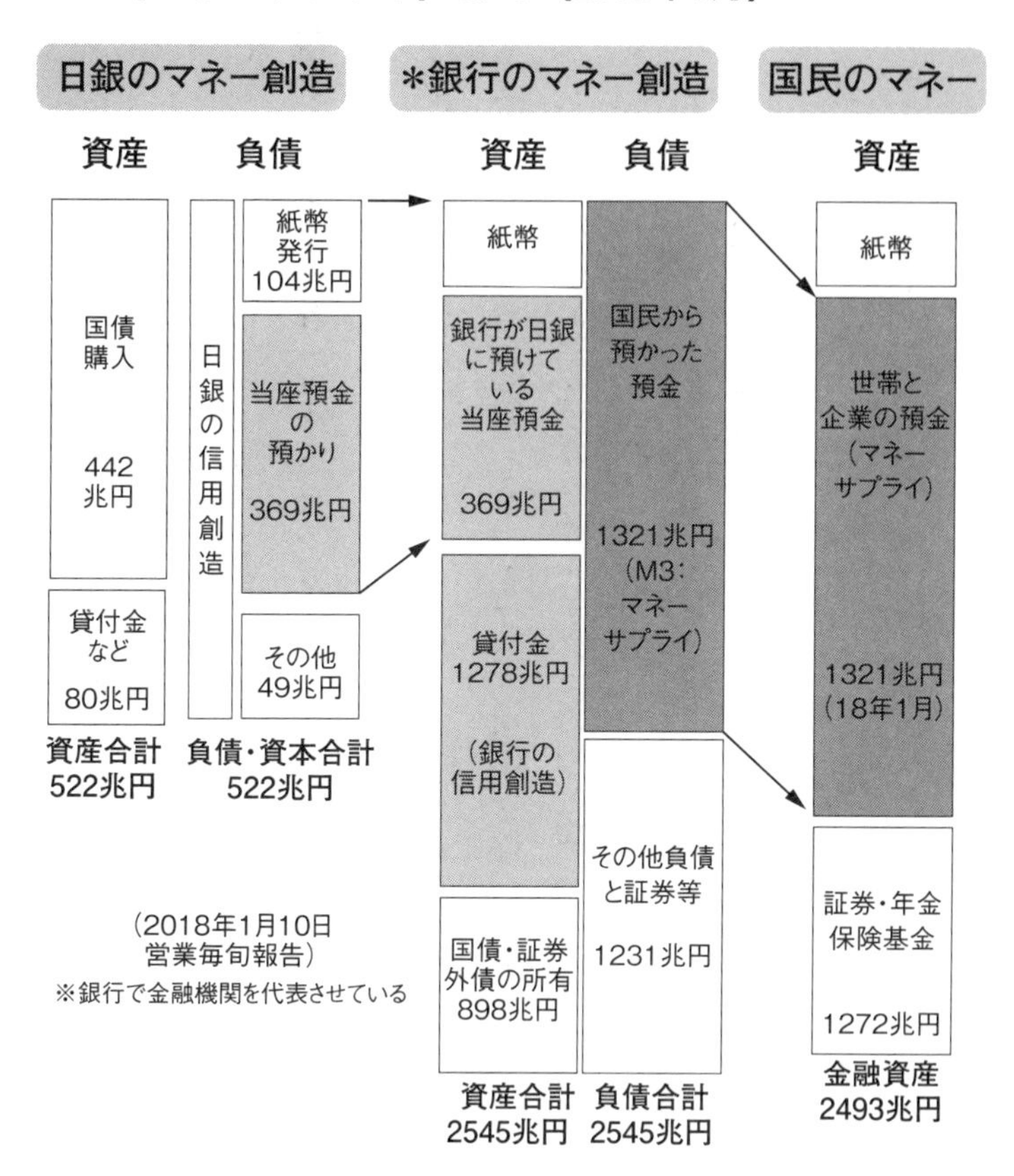

日銀資金循環表、営業毎旬報告、マネーストック統計から筆者作成。紙幣もマネーサプライであるが単純化のため除外している。銀行預金は、銀行の貸付金として、銀行により創造されたものである。国民（世帯と企業）に対して、マネーを負債として創造しているのは、日銀ではなく銀行である。

日銀が銀行から国債を買って、5年で400兆円の異次元緩和というマネー創造をしたからといって、われわれがもつ預金や紙幣が日銀によるマネーの増発で増えたのではないことからも、これがわかるでしょう。日銀に口座をもつ国民はいないからです。日銀は銀行には貸し付けますが、世帯や企業には貸し付けないからです。

②国民にマネー供給（マネーサプライという）をしているのは、日銀ではなく銀行システムです。銀行システムとは銀行の全体です。

ただしこれはわかりにくいので、以降で説明します。銀行システムの全体の**「マクロの預金」**と、個人や企業がもつ**「ミクロの預金」**は、区分して考えなければならないからです。**「ミクロの預金額の合計＝マクロの預金額」**であり、これが**マネーサプライの1321兆円**です（日銀はこれを「マネーストック」と言っています）。

【マクロの預金とミクロの預金】

銀行が貸付をするときは、自行の中に預金口座を作らせます。**貸付金とは、その預金口座に書き込まれた、例えば1億円のコンピュータ数字**です。銀行から借り入れをすると、まず借りた人や企業の預金が1億円増えます。借りた人がその1億円を、設備投資や住宅購入の代金として振り込むとします。送金した人の預金口座からは1億円が消えます。しかし代金を受けとった建設会社の預金が1億円増えます。

その建設会社が、次は資材会社に5000万円、作業人件費として3000万円を振り込むと、建設会社の預金は8000万円減ります。しかし今度は、資材会社と作業者の預金が合計で8000万円増えます。この一連のプロセスからわかるように**銀行システムの総預金は、最初の貸付金の1億円が増えたまま**です。個人や会社のミクロの預金は支払いや入金で増減していますが、銀行システムのマクロの預金は貸付金により増えたままです。われわれの支払いは、銀行システム内では預金の振替です。払った人の預金が減っても、受け取った人の預金が増えるからです。

銀行システムのマクロの預金が減るのは、①銀行全体が貸付金を回収して、回収額以上の新規の貸付をしなかったときと、②預金者が現金で引き出したときです。増えるのは、銀行が貸付金を増やしたときです。

再度、前掲の図14を見てください。

①まずは**日銀によって銀行に対して信用創造**が行われ（ベースマネーの増加という）、

②次に、**銀行によって国民に対する信用創造**（マネーサプライという）が行われていること

が、わが国全体のマネーの流れとして、わかるでしょう。

マネタリストの元祖ミルトン・フルードマンが言うようにマネーとは、価値を運んで流れるものです。このため通貨を Currency（人から人へ流れるものという意味）と言います。通貨は**価値の一時的な住まい**、または**価値を乗せて運ぶ媒体**（Vehicle：車）です。発行されたお金は消費されず、銀行で創造されて人と人との商取引のとき代金として流れて、あるところに貯まって（ダムのように貯蓄され）、またそこから流れる川のようなものです。**お金を流動性とも呼ぶ**のはこのためです。川の水量がマネーサプライの1321兆円です（18年2月）。その水量は、銀行が貸付金の純増として増やし、回収が超過する純減として減らします。われわれの預金の水源は、日銀ではなく銀行です。

【異次元緩和の失敗の原因】

関連して、2013年4月からの総額400兆円の異次元緩和の目的だった2％のインフレ目標と、その結果について付言します。

リフレ派は、「日銀が1年に80兆円の国債を買ってマネーを増発すれば（金利0％のベースマネーを増やせば）、マネーサプライ（M3：ゆうちょを含む世帯と企業の預金）も1年に80兆円増える。

80兆円の増加率は約7％になる。現在は、マネーサプライの増加が年率3％以下と低いから、デフレになっている。90年代と00年代の日本では、マネーサプライの増加が4％のとき、インフレ率が0％だった。**国民の預金が7％（約80兆円／年）増加すると、商品の需要と設備投資が増えるから、2％から3％のインフレになる**」としていました。

特に日銀副総裁のリフレ派、岩田規久男氏がそうでした（『デフレの経済学』に書かれています）。この著書の中でもわが国の20年デフレの原因は、日銀がマネー増発を渋ってきたことだと明言していたのです。

しかし本章で述べているように、**マネーサプライ（国民の預金）は、銀行の貸し出しの増加が80兆円あるときはじめて80兆円増加**します。

日銀が国債を買うことにより、ベースマネー（紙幣発行＋日銀内の当座預金）を80兆円膨ませても、それによって銀行が貸し出しを80兆円増やすとは言えません。借り入れ契約には、借りる人の意思が必要だからです。

事実を言えば、2018年1月の**マネーサプライ（ゆうちょを含むM3）の増加は、前年比で2・9％（38兆円）**と、2％のインフレを起こすための目標値（7％～8％）の半分以下でしかない。

「マネーサプライ、つまり国民の預金を増やすことができるのは日銀ではなく、国民に貸付をする銀行である。日銀が国債を買ってベースマネーを増やしても、銀行が貸付金を増やさないときもある」とリフレ派が知っていれば、異次元緩和の誤りは避けられていたでしょう。

政権のもっとも大きな政策の失敗は、マネーサプライの増加のメカニズムへの無知からきたものです。ただし、日銀と政府は異次元緩和の開始から5年経っても、いまだに金融政策の誤りを認めていません。そして金利ゼロ政策から、金利のつく海外運用が少ない銀行(3大メガバンク以外)の、実質的な赤字という副作用も招いてしまったのです。

(日銀マネーストック統計→https://www.boj.or.jp/statistics/money/ms/ms1801.pdf)

【預金が引き出せることが銀行の信用】

法定通貨は、国家の信用がバックになっているという俗説があります。これも誤りです。**銀行を信用して預金を預けるバックにあるものは、預金者が自分の預金をいつでも全額引き出すことができるという、国民が銀行に寄せる信用**だからです。

ただし銀行が破産して、引き出す預金がなくなったときは、共同出資の預金保険機構が合計1000万円まで補償する制度があります(ペイオフの制度)。預金取り付け騒ぎが他行へ波及を防ぐため、日銀が緊急の貸付をしてマネー不足を補うこともあります。日銀は財務省が55％の株をもつ国家機関です。限界はあるのですが、この補償があるため法定通貨の信用のバックは国家だという誤解が生じたのでしょう。

銀行の信用とはバランスシートで言えば、**銀行の時価資産から時価の負債を引いた純資産**です。ところが預金と長短の負債、つまり総負債に対する銀行の純資産は4％から10％程度でしかありません。建物が立派で盤石の純資産に見える銀行も、預金の増加より預金の引き出しが少ないという条件で成り立つものです。銀行は少ない純資産をもとに、25倍から10倍のレバレッジで借りて運用している機関です。預金は銀行にとって**要求払いをしなければならない短期借入金という負債**です。

多くの人、言い換えれば大衆から預金を預かる銀行を、米国では「商業銀行（コマーシャル・バンク）」と言います。商業銀行は例外なく、信用の高さを見せびらかすかのように立派な高層の建物です。建物に大きなコストがかかりますが、預金者に「純資産額が大きい」ことを外形で示すための費用ですから、必要なものです。廃屋のような建物では、自己資本比率の高い銀行であっても信用されないからでしょう。日々変わる**バランスシートの時価での純資産**は目に見えないので、人びとは建物の外形で判断するからです。人の信用を服装と顔で判断するようなものです。預金者には、銀行の外観しか見えません。

現代のマネーはかさばって、大きく頑丈な金庫を必要とするゴールドや紙幣ではない。電子化されているのです。だから本当は、火災や地震への耐久性がある小さくて堅牢な建物に**セキュリティが堅固なスーパーコンピュータとATM**があればいい。

ニューヨークの高級品店が並ぶマディソン街には、大きなマネーを預かってタックス・ヘイブンで運用するプライベート・バンクもあります。建物は、普通の民家風です。来店客は1日に多くても数人です。表札のように小さい真鍮のプレートを読んで、やっと「あぁ、ここが銀行だった」とわかるくらい、ひっそりと佇(たたず)んでいます。その中のPCの液晶画面の向こうが通信回線でつながった投資信託の仮想店のような、タックス・ヘイブンです。現金や金ではない電子化されたマネーの信用の根拠は、**ハッキングを受けない情報セキュリティ**になっています。仮想通貨は、通貨と銀行機能の本質である信用の形態までも変えていきます。

参考文献一覧

・Bit Coin : A Peer to Peer Electronic Cash System : Satoshi Nakamoto著
・とても挙げきれない多くの「インターネットの記事」からの取捨選択
・日銀と財務省のサイト
・『貨幣の悪戯』：ミルトン・フリードマン著（斎藤精一郎訳）：三田出版会
・「貨幣改革論」：J・M・ケインズ著（中内恒夫訳）：世界の名著57巻
・『After Bitcoin』：中島真志著：新潮社
・『仮想通貨革命』：野口悠紀雄著：ダイヤモンド社
・『Money Whence it came, where it went』：J・K・ガルブレイス著：ペリカンブックス
・『錬金術の終わり』：マーヴィン・キング著（遠藤真美訳）：日本経済新聞出版社
・『タックスヘイブンの闇』：ニコラス・シャクソン著（藤井清美訳）：朝日新聞出版
・『米国が仕掛けるドルの終わり』：吉田繁治著：ビジネス社
・『膨張する金融資産のパラドックス』：吉田繁治著：ビジネス社
・『これでわかったビットコイン』 斉藤賢爾著：株式会社太郎次郎社エディタス：Kindle版
・『ユーロから始まる世界経済の大崩壊』：ジョセフ・E・スティグリッツ著（峯村利哉訳）：徳間書店
・『ドル消滅』：ジェームズ・リカーズ著（藤井清美訳）：朝日新聞出版
・「Gold　Wars :The Battle Against Sound Money as Seen From Swiss Perspective」：Ferdinand Lips著：FAME財団
・『現代ファイナンス論』：ツヴィ・ボディ、ロバート・C・マートン、デーヴィッド・L・クリートン共著（大前恵一朗訳）：ピアソン桐原

●著者略歴

吉田　繁治（よしだ・しげはる）

1972年、東京大学卒業（専攻フランス哲学）。流通業勤務のあと経営と情報システムのコンサルタント。87年に店舗統合管理システムと受発注ネットワークのグランドデザイン。経営、業務、システムの指導。95年～2000年は旧通産省の公募における情報システムの公募で4つのシステムを受託し、開発。2000年、インターネットで論考の提供を開始。メールマガジン『ビジネス知識源プレミアム（有料版）』『ビジネス知識源（無料）』を約4万人の固定読者に配信。経営戦略、商品戦略、在庫管理、サプライチェーン、ロジスティクス、IT、経済、世界金融、時事分析の考察を公開し、好評を得る。主な著書に『米国が仕掛けるドルの終わり』『膨張する金融資産のパラドックス』『マネーと経済 これからの5年』『マネーの正体』（いずれもビジネス社）、『財政破綻からAI産業革命へ』（PHP研究所）、『利益経営の技術と精神』（商業界）などがある。

HP：http://www.cool-knowledge.com/
メールマガジン：http://www.mag2.com/m/P0000018.html
e-mail：yoshida@cool-knowledge.com

仮想通貨　金融革命の未来透視図

2018年4月1日　　第1刷発行

著　者　吉田　繁治
発行者　唐津　隆
発行所　株式会社ビジネス社
〒162-0805　東京都新宿区矢来町114番地
神楽坂高橋ビル5階
電話 03(5227)1602　FAX 03(5227)1603
http://www.business-sha.co.jp

カバー印刷・本文印刷・製本/半七写真印刷工業株式会社
〈カバーデザイン〉大谷昌稔
〈本文DTP〉茂呂田剛（エムアンドケイ）
〈編集担当〉本田朋子　〈営業担当〉山口健志

ISBN978-4-8284-2016-5

マネーの正体

金融資産を守るために われわれが知っておくべきこと

吉田繁治……著

財政の破産と恐慌の可能性が高まる中、増発され続けているマネーはどこにむかうのか? ビジネスメールマガジン№1「ビジネス知識源」の発行人による渾身の書き下ろし! マネーの本質について、本格的な論証を述べると同時に、今後マネーがどのような形態をとり、どのように変質していくかを推論する。

定価 本体1900円+税

ISBN978-4-8284-1682-3

本書の内容

ビジネス社の本

膨張する金融資産のパラドックス

必ずやって来る金融危機からあなたの資産をどう守るか

定価　本体1800円＋税
ISBN978-4-8284-1858-2

吉田繁治……著

もうゴールドしか信用できない!?　GDPに対して大きくなりすぎた金融資産が、金融危機を引き起こすパラドックスに世界は突入した！　膨大なデータから論証する世界経済の失速超低金利国際バブル崩壊による金融危機に備えよ！　そしてバブル崩壊の認識はいつも遅れる！

本書の内容

ビジネス社の本

2019年、日中同時破綻の大波乱
米国が仕掛けるドルの終わり

吉田繁治……著

定価　本体1800円＋税
ISBN978-4-8284-1966-4

ドル基軸通貨時代の終焉、
中国の不動産バブル崩壊……。
増発されるフィアットマネーが弾けるとき、
アメリカは〝ドル切り下げ〟で再び借金を踏み倒す！
資産防衛はゴールドしかない。
ドル基軸が終わり、2019年以降世界はこうなる！

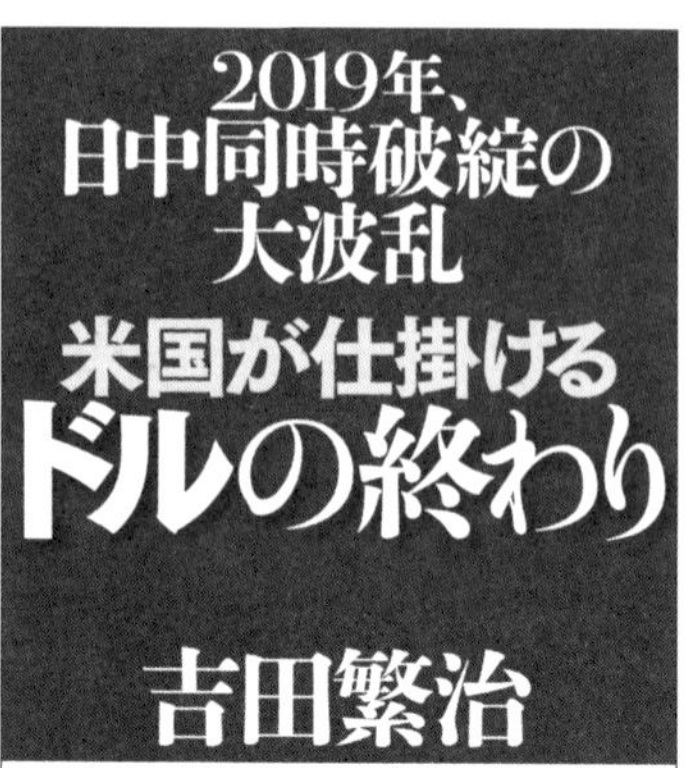

本書の内容